Alberto Dell'Isola



# Super memória

Você também pode ter uma

São Paulo
2019

Grupo Editorial
UNIVERSO DOS LIVROS

**Diretor Editorial**
Luis Matos

**Editor**
Tadeu Carmona

**Assistentes editoriais**
Carolina Evangelista
Renata Miyagusku

**Projeto Gráfico**
Fabiana Pedrozo

**Preparação dos Originais**
Erika Sá da Silva

**Revisão**
Shirley Figueireido Ayres

**Diagramação**
Aline Maria
Fabiana Pedrozo
Stephanie Lin

**Capa**
Jorge Gogoy de Oliveira

**Ilustrações**
Lucas Ed

1ª Reimpressão

Dados Internacionais de Catalogação na Publicação (CIP)
Angélica Ilacqua CRB-8/7057

D417s

Dell'Isola, Alberto

Supermemória / Alberto Dell'Isola ; ilustrações de Lucas Ed. — São Paulo : Universo dos Livros, 2018.

128 p. : il.

ISBN: 978-85-503-0314-7

1. Memória 2. Memória – Treinamento 3. Mnemônica 4. Cérebro – Desenvolvimento I. Título II. Ed, Lucas

18-0859 CDD 153.12

Universo dos Livros Editora Ltda.
Rua do Bosque, 1589 - Bloco 2 - Conj. 603/606
CEP 01136-001 - Barra Funda - São Paulo/SP
Telefone/Fax: (11) 3392-3336
www.universodoslivros.com.br
e-mail: editor@universodoslivros.com.br
Siga-nos no Twitter: @univdoslivros

Agradecimentos

A Allynson Lymer, executive & life coach, pela amizade e pelo incentivo.

A Ben Pridmore, campeão mundial de memória em 2004, pelos conselhos e incentivo.

A Dr. Lair Ribeiro, grande nome da PNL no Brasil, pelos conselhos e incentivo ao lançamento deste livro.

A Drª Carmen Flores, professora e pesquisadora da UFMG, por incentivar minha Iniciação Científica.

A Dominic O'Brien, oito vezes campeão mundial de memória, pelas dicas dadas no Mundial de Memória de 2007.

A Edmo Magalhães por ter gentilmente cedido um dos mapas mentais contidos no livro.

A Eduardo Costa, companheiro da MAD (Memória, Arte e Desporto) – equipe brasileira de memória – pelas incontáveis discussões sobre sistemas mnemônicos e sua aplicação.

A Sérgio Monteiro, *chairman* do grupo *Uptime consultants*, por acreditar em meus projetos e apoiar os campeonatos de memória.

Ao Sistema Carrier de Ensino de Belo Horizonte pelo suporte no começo de tudo.

A Valdinês Rodrigues pela imensa ajuda no início de minha jornada.

Dedicado aos meus pais, à minha irmã e à Valéria, meu grande amor e responsável por todas as minhas lembranças mais doces.

# Sumário

# Prefácio

Desde que conheci o Alberto, ficou evidente a sua determinação em tudo aquilo que faz. O zelo que dedica em ministrar aulas e o empenho em estimular seus alunos a produzir resultados melhores levou-o a escrever este livro e disponibilizar estratégias, técnicas e métodos mnemônicos que serão de grande valia quando corretamente utilizados.

Os ensinamentos contidos neste livro poderão ajudá-lo a obter melhores resultados ao lidar com informações, conhecimentos e conteúdos que necessitam de memorização imediata. E, praticamente, em toda matéria isso é necessário.

Além do mais, em muitos pontos do livro, o Alberto procurou mostrar – corretamente – o grande valor das estratégias em aplicações do dia a dia. Porém, sempre é necessário lembrar que são ferramentas extremamente úteis para serem utilizadas inteligentemente. Do contrário se tornarão muletas e perderão a sua eficácia, pois não é a técnica em si que tem valor, e sim a sua adequação ao momento e ao conteúdo.

Portanto, ampliando o repertório de estratégias intelectuais ao lidar com a informação, você estará, consequentemente, fazendo modificações na estrutura cognitiva e isso tem um valor inestimável, pois estas resgatam muito do potencial que temos, mas que, em grande parte, continua adormecido.

Tenho a convicção de que este livro contribuirá para despertar um potencial que você jamais havia pensado existir. O Alberto, com sua obra, irá ajudá-lo – com maestria – nesse empreendimento, mas cabe a você implementar isso no seu cotidiano. Os resultados serão compensadores e farão a diferença em termos de produtividade.

Valdinês Rodrigues

# Memória, Arte e Desporto

Com o objetivo de troca de informações sobre sistemas e técnicas de memória foi criado o grupo MAD – Memória, Arte e Desporto.

Estamos recrutando mentatletas (atletas da mente) para integrarem nossa equipe. Se você é capaz de memorizar um baralho em menos de cinco minutos ou cem dígitos em menos de três minutos, entre em contato conosco pelo site http://www.supermemoria.com.br.*

Para obter mais dicas gratuitas sobre memorização e técnicas de estudo, o leitor também poderá acessar o mesmo site.

Para contratar palestras, treinamentos ou cursos com o autor, envie um e-mail para albertodellisola@gmail.com ou entre em contato pelo telefone: (31) 98471-2633.

---

* Acesso em 24 jul. 2018.

CAPÍTULO 1

# INTRODUÇÃO

***"O método é a mãe da memória."***
*Thomas Fuller*

Eu sei o que é esquecer o nome de alguma pessoa. Já me esqueci de reuniões, números de telefones, senhas do banco, piadas que o Jô Soares fez na noite anterior, e até mesmo da chave de casa. Atualmente, vivo da minha memória excepcional, fazendo shows e oferecendo consultoria para diversas empresas do país. O que fiz para mudar? Há alguns anos resolvi treinar a minha memória...

Sem conhecimento algum sobre memória, passei vários meses lendo livros sobre o tema, testando o que funcionava e o que não funcionava muito bem para mim. Criava a cada dia uma nova técnica, descartando ou alterando aquelas que não funcionavam.

Aliando esse método da tentativa aos muitos estudos sobre o assunto, pude estabelecer uma série de técnicas mnemônicas, que compilei neste livro. Está vendo, leitor? Você já começou bem: economizando tempo e dinheiro!

Minha memória me ajudou a ter mais qualidade de vida. Não preciso mais usar uma agenda: todos os meus compromissos são armazenados diretamente em minha cabeça. Sou capaz de dar palestras ou participar de debates sem usar qualquer pedaço de papel. Provas? Em vez de martírio, tornaram-se diversão para mim.

## Pré-requisitos

Algumas pessoas me perguntam se minhas técnicas de memória funcionam para qualquer pessoa, achando que minha performance é baseada em alguma genialidade. Apesar de me sentir lisonjeado com esses comentários, devo admitir que eles são equivocados. Qualquer pessoa que possui um cérebro (mesmo que sem o manual de instruções) é capaz de realizar as mesmas incríveis demonstrações de domínio da memória que faço.

## OLHE PARA A BOLA

Tênis está entre meus esportes favoritos. Se você joga tênis, provavelmente seu técnico já lhe disse milhares de vezes que você deveria "olhar bem para a bola", antes de rebatê-la. No entanto, isso é fisicamente impossível! Durante uma partida de tênis, a velocidade da bola sempre ultrapassa a velocidade de nosso pensamento consciente em, ao menos, meio segundo. Esse atraso em nosso pensamento acontece porque a imagem capturada pela retina leva um décimo de segundo para chegar ao nosso cérebro e outros 400 milissegundos para que consigamos formar uma percepção consciente da bola. Se os jogadores de tênis realmente "olhassem para a bola", a mesma atingiria a quadra antes mesmo que eles pudessem mover suas raquetes.

Outra situação em que nosso cérebro mostra seu poder é durante uma de nossas mais triviais atividades: atravessar a rua. Você já parou para pensar sobre como atravessar a rua é algo complexo? Antes de atravessar a rua, você calcula em fração de segundos:

- a velocidade instantânea de cada carro;
- a identificação do tipo de movimento de cada carro (uniforme, acelerado ou retardado);
- a distância até o outro lado da rua;
- o tempo disponível para atravessar a rua;
- a velocidade que você deve utilizar para conseguir atravessar a rua sem ser atingido.

Após realizar todos esses cálculos, somos capazes de atravessar com segurança.

Ainda que atingir uma bola de tênis ou atravessar a rua sejam feitos realmente incríveis, eles são apenas exemplos das tarefas fantásticas que nosso cérebro é capaz de realizar.

Na Grécia antiga, as pessoas ficavam tão impressionadas com os poderes da mente humana, que atribuíam esse poder a uma entidade separada do ser humano: os *daemons*. Os *daemons* eram espíritos enviados por Zeus para auxiliarem as pessoas, seja dando conselhos ou agindo em benefício dos homens. Os romanos costumavam chamar esses espíritos sábios de *genii* (gênio). Assim, os povos da antiguidade atribuíam toda sua sabedoria e inspiração à existência desses espíritos.

No entanto, essa visão não é tão distante da realidade. O matemático John von Neumann uma vez calculou que o cérebro humano poderia armazenar um número acima de 280 quintilhões – 280.000.000.000.000.000.000 – de bits de memória. Estima-se que nosso cérebro tenha $10^{12}$ neurônios e que o número das possíveis combinações entre eles (sinapses) seja maior que o número de partículas do universo.

Em contrapartida, ainda que tenhamos um verdadeiro computador em nossas cabeças, muitos de nós têm dificuldade em realizar multiplicações envolvendo números de apenas dois dígitos sem utilizar a calculadora ou até mesmo se lembrar do número do próprio celular. Dado o desleixo intelectual de nossa geração, acabamos contemplando gênios como Albert Einstein ou Leonardo da Vinci da mesma maneira que os povos antigos: como se fossem seres dotados de poderes sobrenaturais.

# Performance e potencial

Conforme visto até agora, o cérebro tem um potencial incrível. No entanto, grande parte das pessoas é muito cética em relação a todo esse potencial, alegando que se o cérebro fosse tão poderoso, por que tão poucas pessoas realmente mostram esse potencial?

Tony Buzan, criador dos mapas mentais e dos campeonatos de memória, fez uma pesquisa na qual os sujeitos deveriam responder a cada uma das perguntas a seguir. Abaixo de cada pergunta está a resposta encontrada em mais de 95 % de todos os relatos de participantes da experiência.

- Na escola, já lhe ensinaram alguma coisa sobre o cérebro, suas funções e a maneira como ele compreende novas informações, memoriza, pensa etc.?
Não.

- Você já aprendeu alguma coisa sobre como a memória funciona?
Não.

- Você aprendeu alguma coisa sobre mnemotécnica?
Não.

- Você aprendeu alguma coisa sobre como os olhos funcionam e como utilizar esse conhecimento em seu benefício?
Não.

- Você aprendeu alguma coisa sobre a natureza da concentração e maneiras para exercitá-la?
Não.

- Você aprendeu a importância de utilizar palavras-chave em suas anotações?
Não.

- Você aprendeu algo sobre criatividade?
Não.

De acordo com as respostas listadas anteriormente, creio que não deva existir mais qualquer dúvida sobre o motivo pelo qual o potencial de nossos cérebros não corresponde à performance alcançada pela maioria das pessoas.

## Os gênios

De acordo com a psicologia, gênios são pessoas que produzem uma obra de valor inestimável e capaz de mudar os paradigmas da humanidade. Mas o que tornaria um gênio tão diferente de nós? Seriam eles mais inteligentes? A psicologia entende a inteligência como uma capacidade muito geral que permite raciocinar, planejar, resolver problemas, pensar de maneira abstrata, compreender ideias complexas e aprender. É óbvio que existem pessoas mais inteligentes que outras – pessoas agraciadas pela loteria que a genética promove a cada nascimento. Também é inegável que uma inteligência alta é preditora de um grande sucesso pessoal e acadêmico. No entanto, seria a inteligência a única explicação para certas pessoas serem tão fantásticas em seus campos de atuação? Você certamente discordaria disso se desse uma olhada no boletim escolar ou no histórico profissional de alguns dos grandes cientistas de nosso passado.

Raramente um grande cientista se destacava na infância. Muitos deles eram rotulados como lentos, incapazes ou até mesmo estúpidos. O renomado matemático Henri Poincaré foi julgado como imbecil após se submeter ao teste de QI de Binet. Thomas Edison, inventor da lâmpada e de outras 1.903 invenções, foi considerado lento na escola.

Albert Einstein, disléxico, também mostrava problemas de aprendizagem na infância, sendo considerado muito lento ao ser comparado com seus irmãos. Ele tinha tanta dificuldade com o uso da linguagem que sua família temeu que ele nunca aprendesse a falar. Assim, devido a essa dificuldade, seu professor de grego uma vez lhe disse que Einstein nunca seria capaz de ser alguém na vida. No entanto, aos 26 anos, ele surpreendeu a comunidade científica ao publicar, no verão de 1905, a teoria da relatividade. Dezesseis anos mais tarde, ganhou o prêmio Nobel pela descoberta do efeito fotoelétrico, tornando-se não apenas uma celebridade internacional, mas também sinônimo de inteligência e dedicação.

## Gênios em laboratório

A maioria das pessoas entende que os gênios são frutos da genética, e não do esforço. No entanto, na década de 1980, Marian Diamond, uma neuroanatomista da Universidade da Califórnia, em Berkeley, anunciou uma descoberta fantástica e capaz de revolucionar todos os paradigmas da época acerca da aprendizagem e dos gênios.

Em um de seus famosos experimentos, Diamond colocou ratos em um ambiente superestimulante, cheio de escadas, esteiras e outros brinquedos de todos os tipos. Um outro grupo de ratos ficou confinado em jaulas comuns. Aqueles ratos que viveram em um ambiente mais estimulante, além de viverem por três anos (o equivalente a 90 anos para os seres humanos), também tiveram seus cérebros aumentados. Esse aumento ocorreu em virtude das novas conexões criadas entre os diversos neurônios dos cérebros desses animais. Em contrapartida, os ratos que viveram nas jaulas comuns morreram mais jovens e tiverem menos conexões celulares em seus cérebros.

Desde a descoberta do neurônio, a genialidade sempre foi associada ao número de neurônios que cada indivíduo possuía. No entanto, no ano de 1911, Santiago Ramon e Cajal, pai da neuroanatomia, descobriu que, ao contrário do que se imaginava, o número de conexões entre neurônios (sinapses) eram os verdadeiros preditores da genialidade. O experimento de Diamond, supracitado, mostrava que, ao menos em ratos, era possível criar gênios em laboratórios, por meio de exercícios mentais.

Será que esses princípios se aplicariam às pessoas? Era o que Diamond queria descobrir. Ela obteve diversos cortes do cérebro de Albert Einstein e os examinou. Conforme suas expectativas, Diamond encontrou um número maior de células gliais no lobo parietal esquerdo do cérebro deste. As células da glia, geralmente chamadas neuróglia ou simplesmente glia (do grego, *cola*), são células não-neuronais do sistema nervoso central que proporcionam suporte e nutrição aos neurônios. Geralmente arredondadas, no cérebro humano as células da glia são cerca de dez vezes mais numerosas que os neurônios. Além disso, essas células também ajudam na transferência de sinais eletroquímicos entre neurônios. Diamond já esperava encontrar uma alta concentração dessas células no cérebro de Einstein, visto que ela também encontrou uma alta concentração dessas células nos cérebros de seus "ratos gênios". A presença dessas células no cérebro do famoso físico sugeriria que um processo de enriquecimento similar ocorreu durante sua vida.

Ao contrário dos neurônios, que se reproduzem pouquíssimo ao longo de nossa vida, células gliais, axônios e dendritos podem aumentar em número com o passar dos anos, de acordo com a maneira que nós usamos nosso cérebro. O trabalho de Diamond sugere que, quanto mais aprendemos mais conexões são criadas.

## Para que pensar?

Para você ter uma ideia, antes da invenção do primeiro alfabeto linear (por volta de 1700 a.C., pelos fenícios) todo o processo de transferência de informação era basicamente oral e, para tanto, esses povos precisaram desenvolver técnicas eficazes de memorização, de forma a assegurar sua unidade política, social e religiosa.

Assim, os povos antigos foram as mentes mais brilhantes que já surgiram no planeta. Atualmente existem diversas facilidades que coíbem nosso desenvolvimento intelectual. Há uns dias, perguntei a um amigo qual era o seu novo número de telefone celular. Em vez de me responder, ele disse: "só um minuto". Em seguida, consultou a agenda de seu aparelho, na qual havia cadastrado um telefone com o nome de "meu número". É claro que, por eu ser um campeão de memória, o fato rendeu umas boas risadas na nossa roda de amigos. No entanto, esse fato nos exemplifica claramente como nossa sociedade está pensando cada vez menos. Ainda que estejamos na era da informação, os seres humanos estão pensando cada vez menos.

Uma vez, em uma palestra, ao mostrar minha indignação perante essa preguiça mental que parece contaminar nossa sociedade, um senhor me fez a seguinte pergunta: "Mas, se eu posso anotar tudo no meu celular, para que iria me dar ao trabalho de guardar na cabeça meus compromissos ou números de telefone?" Ao contrário do que se pode imaginar, não pretendo voltar para a antiguidade. Eu realmente gosto das invenções da atualidade, como o computador e o celular. Desse modo, o que proponho não é o fim dos modernos equipamentos eletrônicos. Pelo contrário, se não fossem os avanços tecnológicos, eu dificilmente poderia me comunicar com Dominic O'Brien ou Ben Pridmore, campeões mundiais de memória, para discutirmos sobre a criação de novas técnicas de memória para vencer os campeonatos de memória ou para quebrar a banca nos cassinos! O grande problema está no uso da tecnologia como muleta e não como ferramenta para o desenvolvimento humano. Quando começamos a utilizar essas muletas tecnológicas de maneira cada vez mais sistemática, tornamo-nos cada vez menos capazes de pensar e presas fáceis para as diversas doenças degenerativas, como Alzheimer e Parkinson.

Portanto, espero que nosso curso não o torne apenas capaz de passar nas provas ou nos concursos que você deseja, mas também faça sua vida mental cada vez mais saudável.

## O QUE É A MEMÓRIA?

A memória é uma função "inteligente" que permite que seres humanos e animais se beneficiem da experiência passada para resolver problemas apresentados pelo meio. Proporciona aos seres vivos diversas aptidões, desde o simples reflexo condicionado até a lembrança de episódios pessoais e a utilização de regras para a antecipação de eventos.

A memória é normalmente entendida como uma fita de vídeo, como se todas as nossas experiências estivessem gravadas para sempre. No entanto, lembrar implica um processo ativo de reconstrução e não se assemelha a assistir a uma fita de vídeo do passado. De acordo com nosso interesse e envolvimento emocional, nossas memórias são continuamente modificadas, selecionadas, torcidas, construídas, reconstruídas e destruídas.

Alguns pesquisadores costumam falar em "códigos de memória" em vez de "memórias", porque dessa forma nos lembramos que a memória não é uma reprodução da realidade, e sim uma criação humana. Os "códigos de memória" não se diferenciam apenas em seu conteúdo. Apesar de concordarmos sobre o que seria um cachorro, a palavra "cachorro" evocará memórias diferentes em cada um de nós. Essas memórias diferenciam-se pelo conteúdo (conhecemos cachorros diferentes em toda nossa vida) e pela nossa relação pregressa com o animal (pessoas que já sofreram ataques caninos certamente evocarão memórias negativas ao ouvir a palavra "cachorro").

Suponha que você precise devolver um livro para um amigo chamado Rodrigo na UFMG, no dia 26 de setembro de 2007, uma quarta-feira. A seguir, vemos um exemplo dos códigos de memória envolvidos nessa intenção.

O que fará você se lembrar de devolver o livro? Acordar pela manhã e verificar no calendário o dia do mês (26 de setembro) pode lhe lembrar de devolver o livro. Você pode se lembrar de devolver o livro ao avistar a entrada da UFMG. Encontrar alguém com o mesmo nome de seu amigo (Rodrigo), também pode lhe remeter ao empréstimo. Avistar seu amigo é uma outra forma de se lembrar do livro emprestado, apesar de provavelmente não ser de muita valia, caso você não tenha se lembrado de trazê-lo consigo. Perceba que alguns códigos de memória são mais fortes do que outros. Dessa forma, o treino de sua memória é basicamente a criação de códigos de memória poderosos.

## Estratégias externas e internas

Costumamos dividir as técnicas de memória em dois tipos: estratégias internas e externas de memória.

As estratégias externas dizem respeito à inserção de códigos de memória no próprio ambiente. Um exemplo desse tipo de estratégia é, na véspera de levar alguns documentos importantes para alguém, deixar os mesmos sobre a mesa. No dia seguinte, ao avistá-los, eles serão capazes de evocar a importância de levá-los consigo.

Em contrapartida, as estratégias internas dizem respeito à criação de uma codificação mais adequada da informação, como os processos mnemônicos, por exemplo.

## Estratégias externas

Existem diversas maneiras de se otimizar o espaço físico para melhorar a memória:

- Estruturar o ambiente de forma a proporcionar maior concentração (isto é, algumas pessoas precisam de um certo nível de barulho no ambiente para poder se concentrar). No entanto, outras precisam de silêncio absoluto. Extremos de temperatura também atrapalham a memória. No entanto, entre esses extremos, certamente existe uma temperatura que é a ideal para você. Assim, o importante é: ter um ambiente adequado e utilizá-lo constantemente nessas condições ideais de memorização.
- Utilizar algum auxílio ambiental para facilitar a recordação, como por exemplo:
  a) Anotar compromissos em uma agenda ou calendário e criar o hábito de utilizá-los de maneira sistemática;
  b) Escrever nas costas da mão;
  c) Utilizar diversos alarmes para lembrá-lo de suas atividades;
  d) Colocar objetos em algum lugar conspícuo;
  e) Colocar um pequeno nó no dedo indicador;
  f) Organizadores gráficos – sistemas de anotação eficientes, que contêm diversos códigos visuais de memória, tornando a aprendizagem até cinco vezes mais rápida. Para aprender mais sobre eles, dê uma olhada em meu livro intitulado *Supermemória para Concursos*, também publicado pela Digerati Books.

## Auxílios mnemônicos no ambiente: dicas para o uso

No início deste livro, alertei sobre os problemas que a falta de trabalho intelectual pode causar. No entanto, isso não significa que nunca devemos usar de estratégias mnemônicas relacionadas anteriormente. Por exemplo, se você precisa tomar algum medicamento a cada quatro horas, não faz sentido algum utilizar recursos mnemônicos em vez de utilizar o despertador para lembrá-lo. O mesmo vale para a agenda. Se você possui uma vida muito atribulada, nada mais adequado do que utilizar uma agenda para se lembrar de seus compromissos. O grande problema é quando se confia nessas estratégias de maneira excessiva, tornando-se incapaz de memorizar qualquer coisa, por mais simples que seja. Assim, para lhe auxiliar em sua jornada em busca de sua supermemória, seguem os momentos ideais para o uso desses recursos visuais:

- Na ocorrência de um grande número de atividades distrativas entre a codificação mnemônica (momento em que se deseja memorizar) e o momento de evocação (momento em que se deseja evocar). Por exemplo, quando você, no início do expediente, decide ligar para alguém no final de sua jornada de trabalho.
- Quando existe um longo período entre a codificação mnemônica e a evocação. Por exemplo, na ocasião em que você precisa lembrar de inscrever-se para uma prova de algum concurso público que só ocorrerá daqui a três meses.
- Quando existe um momento preciso em que a lembrança deve ocorrer. Por exemplo, quando você precisa tirar o bolo do forno ou tomar um remédio.
- No momento em que as estratégias internas não são seguras o bastante. Por exemplo, quando alguém deixa um recado urgente que não pode ser esquecido.
- Quando precisar se lembrar de detalhes minuciosos. Por exemplo, quando você anota uma receita ou maneiras de como se resolver uma equação matemática.

- Quando houver sobrecarga da memória operacional. Por exemplo, no momento em que você está fazendo mais de uma coisa ao mesmo tempo e precisa memorizar alguma informação.

## Estratégias internas

As estratégias internas dizem respeito às técnicas de aprimoramento de memória que favorecem o caminho da informação pelas redes neurais. São técnicas que ajudam a codificação do assunto a ser memorizado, facilitando o registro de informações. Grande parte deste livro tem por base estratégias internas, em que criamos códigos poderosos de memória, facilitando a evocação superior. Grande parte das técnicas aqui abordadas se encaixam nessa categoria.

## Os riscos da multitarefa

Nós acreditamos sermos capazes de dirigir e falar ao celular ao mesmo tempo; estudarmos enquanto vemos TV; navegar pela internet enquanto conversamos com nossos filhos, esposa(o), colega de trabalho ou até mesmo escrever um *e-mail* enquanto falamos ao telefone, sem que qualquer uma dessas tarefas seja prejudicada. No entanto, isso não acontece! Ao contrário de nossos sistemas operacionais, capazes de executar diversas tarefas ao mesmo tempo, somos péssimos quando executamos mais de uma coisa simultaneamente.

Em seu livro *Quality Software Management: Systems Thinking*, Gerald Weinberg fez um cálculo sobre o tempo que é desperdiçado enquanto nos dedicamos a mais de uma tarefa ao mesmo tempo. Os resultados foram os seguintes:

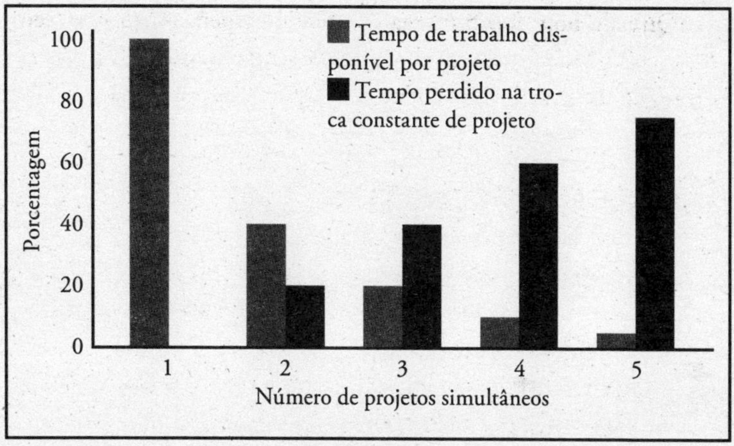


**Gráfico 1.1**

Como se pode observar, a simples adição de mais um projeto diminui em mais da metade a eficiência do trabalhador. Para memorizarmos eficientemente, é importantíssimo que tenhamos atenção. Assim, se surge algo que realmente queremos armazenar, utilizando alguma estratégia interna, é essencial que nos dediquemos de maneira exclusiva à tarefa de memorizar.

## O fenômeno da reminiscência

O fenômeno da reminiscência foi descoberto (por acaso, eu diria) em experiências que objetivavam quantificar o tempo que se leva para esquecer qualquer coisa. Como esperado, as experiências mostraram que qualquer informação adquirida precisa ser revista com frequência para não ser esquecida (nenhuma novidade até aqui).

Um psicólogo inglês, P. B. Ballard, no entanto, descobriu que algum tempo depois de a pessoa adquirir um conhecimento, sua fixação é maior que imediatamente após a aquisição. Não entendeu? Bem, vamos então ao experimento do psicólogo. Ele fez uma experiência envolvendo garotos de 12 anos acostumados a aprender poesia no colégio. Estabelecendo como "unidade" o número de palavras que as crianças eram capazes de lembrar imediatamente depois de haverem lido a poesia pela primeira vez, e dando a esse número o valor 100, eis o que o Dr. Ballard encontrou:

| | |
|---|---|
| Imediatamente após a leitura | 100 |
| Um dia depois a média era | 111 |
| Dois dias depois a média era | 117 |
| Três dias depois a média era | 113 |
| Quatro dias depois a média era | 112 |
| Cinco dias depois a média era | 111 |
| Seis dias depois a média era | 99 |
| Sete dias depois a média era | 94 |

**Tabela 1.1**

Você pode perceber que nos cinco dias que se seguiram ao aprendizado o efeito da reminiscência aumentou o poder de memória das crianças um ponto além da memória original.

# Utilizando o fenômeno da reminiscência

A primeira regra da reminiscência para o aprendizado (não apenas de números) é: um momento de descanso vale mais dois momentos seguidos de repetição. Depois de haver repetido a informação a ser memorizada, faça uma pequena pausa e repita-a outra vez. Depois, faça outra pausa e repita o processo. Cada pausa permite que o fenômeno da reminiscência atue, aumentando a probabilidade de que você se lembre mais tarde.

Assim, nada de ficar repetindo fórmulas matemáticas ou leis como um papagaio! Mais tarde falaremos sobre os *flash cards*, outra aplicação do fenômeno da reminiscência.

## Memória fotográfica

O que tornaria minha memória e de outros mentatletas algo tão excepcional? Será que somos dotados da chamada memória fotográfica? Achar que o cérebro é capaz de guardar impressões instantâneas e conservá-las com perfeição, como se fosse um pedaço de filme fotográfico, é uma ideia equivocada.

Se você está convencido de que uma pessoa que possui uma boa memória é dotada de uma habilidade "fotográfica", está acreditando em uma coisa fantástica. Peça a qualquer pessoa que afirme possuir uma "memória fotográfica" para olhar rapidamente para uma página do catálogo telefônico e depois repetir tudo o que está escrito. Ou então, peça para ela olhar uma foto rica em detalhes por apenas um ou dois segundos e depois descrever tudo o que vê. Isso é impossível, a não ser que a pessoa estude cuidadosamente a página, aplicando todos os princípios básicos de memória expostos neste livro.

A ideia de "memória fotográfica" nasceu da falta de compreensão dos princípios da memória e do significado da palavra "fotográfica". Para uma pessoa comum que assiste a uma das minhas demonstrações de memória na TV, a única explicação parece ser a de que o indivíduo possui uma "memória fotográfica". No entanto, todos os meus feitos de memória são conseguidos graças a truques de memória, que têm por base algum método que envolva associação de ideias – algo que você mesmo será capaz de aprender.

## Imagens mentais

Ao longo de nosso curso, você aprenderá como criar imagens mentais que tornarão sua memória muito poderosa. Feche seus olhos e imagine um sorvete de morango ou um elefante cor-de-rosa. Se somos capazes de criar mentalmente imagens tão vívidas, o que as diferenciariam de uma memória fotográfica? Porque essa imagem visual não é tão nítida quanto uma fotografia.

Imagine que você examine todos os detalhes de um quadro, com exceção de um e que eu lhe faça uma pergunta justamente a respeito desse pormenor. Você não poderia responder, por se tratar de um detalhe que não notou, e, portanto, não gravou. Se você dispusesse de uma fotografia do quadro, poderia examiná-la e responder facilmente à pergunta.

Assim seria a "memória fotográfica" – se ela existisse. Você poderia examinar com os "olhos da mente" a "fotografia" do que viu e observar algo em que não havia reparado antes.

A menos que você haja estudado aquele pormenor e o haja incluído na imagem visual, não poderá responder a minha pergunta. As imagens visuais não são tão completas quanto uma fotografia – e nunca serão, a menos que se faça um esforço especial para estudar cada detalhe do quadro.

As pessoas que dizem possuir uma "memória fotográfica", ou que têm a fama de possuir este dom, têm sido estudadas em laboratórios, sob condições controladas. Os resultados mostram que essas pessoas não dispõem de memória fotográfica. Não podem responder a perguntas a respeito de coisas em que não repararam.

Essas experiências têm mostrado que as pessoas só conseguem utilizar seus poderes de memória nos aspectos do assunto que decidiram memorizar. Por exemplo, um indivíduo era capaz de repetir corretamente diversos pares de palavras. No entanto, se no meio da experiência se pedia a ele que dissesse apenas a segunda palavra de cada par, atrapalhava-se todo.

Outra experiência que prova que a memória eficiente não é um processo fotográfico consiste em mostrar ao indivíduo palavras escritas em diferentes cartões coloridos. Ele é capaz de se lembrar das palavras, mas, se não houver nenhum aviso prévio de que as cores fazem parte do teste, encontrará grande dificuldade em associar cada palavra à cor do cartão correspondente.

Conforme dito anteriormente, há uma exceção para a afirmação de que a memória fotográfica não existe. Algumas crianças têm uma imagem muito nítida pouco depois do momento em que viram alguma coisa. Trata-se de um fenômeno semelhante ao eco de memória, que discutimos anteriormente.

Essas crianças, geralmente com idade inferior a 13 anos, podem olhar para uma cena e realmente vê-la quase como uma fotografia alguns instantes após a visão original. Embora se trate de uma imagem nítida, não corresponde exatamente à realidade. Descobriu-se que essa imagem é moldada e distorcida pelos interesses da criança. Se uma coisa na cena as interessa particularmente, a imagem será maior que o tamanho real. Esta também pode ser interpretada diferentemente, de acordo com os interesses e as ideias da criança.

O eco – chamada de imagem eidética – persiste por apenas alguns segundos depois de sua visão original. Não se trata (como na suposta "memória fotográfica") de uma memória permanente.

A imagem eidética é um fenômeno mais comum no fim da infância, desaparecendo durante a adolescência.

## O que isso significa?

Quanto maior o significado, melhor a memória. Independentemente do que você deseja memorizar, isso somente será possível se a informação a ser adquirida fizer algum sentido para você.

A mulher de um jogador de futebol pediu-lhe certa vez para que não se esquecesse da data de aniversário de casamento do casal.

– Acha que me esqueceria daquele dia? – respondeu o jogador. – Foi o dia em que fiz meu primeiro gol de bicicleta.

Você se lembrará muito melhor das coisas se lhes der um significado. Ao longo de nosso curso você será capaz de criar códigos de memória cada vez mais fantásticos. A criação de significado para as informações intangíveis é parte importante desse processo.

- Como nomes e rostos de pessoas podem possuir um significado?
- Como encontrar significado em uma lista de compras ou de afazeres diários?
- Qual o significado dos diversos números e códigos que preciso memorizar em minha empresa?
- Existe um significado para cartas de baralho?

A lista de perguntas é infindável. Estou certo de que você pensou em pelo menos uma pergunta desse tipo. Ao longo de nosso curso, você aprenderá a dar um significado a qualquer coisa que deseje memorizar.

## Tipos de memória

Uma classificação habitual é aquela feita de acordo com o tempo transcorrido entre a aquisição dos tipos de memória e o momento em que são evocados: memória imediata (segundos, minutos), recente (horas ou poucos dias), remota (semanas, meses, anos). De acordo com o tipo de informação, alguns autores costumam classificar as memórias como declarativa ("saber que") e de procedimentos ("saber como"); ou semântica (a linguagem) e episódica (memória de eventos ou episódios).

No entanto, todas essas diversas classificações são recursos puramente didáticos, visto que não existem evidências conclusivas de que os diversos tipos de memória correspondam a processos químicos diferentes.

## Por que esquecemos?

James McGaugh, diretor-fundador do Centro de Neurobiologia de Aprendizado e Memória, costuma dizer que um dos aspectos mais notáveis da memória é o esquecimento. Esquecer é normal e necessário. Sholem Asch, famoso escritor polonês radicado nos Estados Unidos, costumava dizer que "não é o poder de se lembrar, mas justamente o contrário, o poder de se esquecer, que é uma condição necessária para nossa existência". Muitas de nossas memórias nos incomodam, como os medos, as humilhações ou as perdas. Outras nos prejudicam, como as fobias, o estresse pós-traumático ou até mesmo transtornos obsessivos compulsivos.

Biologicamente, o esquecimento é explicado pela saturação dos mecanismos de memória. Seu cérebro é bombardeado com milhões de bits de informações diariamente. Imagine como seria confusa nossa vida se guardássemos todas essas informações? Nós lembramos apenas o que julgamos importante o suficiente para não esquecermos. A mente escolhe qual informação não é importante e imediatamente a descarta. No entanto, como deixar de esquecer o nome dos nervos cranianos, notas importantes do direito administrativo ou mesmo a localização da chave de sua casa?

## Você tem memória fraca?

É comum as pessoas reclamarem diariamente de suas memórias. No entanto, a maioria das falhas cotidianas de memória deve-se principalmente à falta de zelo na criação dos códigos de memória, e não por uma falha cognitiva.

## Confiança

Uma grande razão para a falta de uso de estratégias mnemônicas deve-se ao fato de as pessoas estarem geralmente convencidas de que têm uma memória péssima. Essa crença ocorre pois as pessoas ouvem desde a infância que a memória é algo muito falho. Outra razão para a desconfiança na memória é o avanço da idade. Adultos mais velhos costumam justificar a falha da memória como um resultado inevitável do passar do tempo.

Um fato interessante é que existe uma relação muito pequena entre o grau de insatisfação com a memória e sua verdadeira habilidade em se lembrar. Estudos nos mostram que as pessoas que geralmente reclamam muito da memória não se esquecem com mais frequência do que as pessoas que não têm problemas com sua memória. (HERMANN, 1982)

Atualmente sou considerado uma das melhores memórias do mundo simplesmente porque confio em minhas habilidades e sei da necessidade de se criar códigos de memória poderosos.

## Monitorando a memória

O monitoramento da memória é um hábito que está por trás de todas as estratégias mnemônicas. Se você não monitora a qualidade dos códigos de memória utilizados no seu dia a dia, como poderá reconhecer a necessidade da aplicação de alguma estratégia mnemônica?

As crianças não possuem o hábito de monitorar sua memória. Apesar de terem bastante confiança em sua habilidade em lembrar, elas não costumam reconhecer a necessidade do uso de estratégias mnemônicas. Costumam raciocinar da seguinte maneira: "se lembro agora, por que não lembraria depois?" Com o passar do tempo, as crianças percebem que a memória pode falhar e aprendem a lidar com isso. O monitoramento da memória é um hábito instintivo. Quantas vezes você já não se viu criando músicas ou histórias mirabolantes para poder se lembrar de uma fórmula matemática ou um evento histórico importante?

## Observação

A observação está por trás de qualquer código eficiente de memória. Infelizmente o ser humano não é observador por natureza. A prova disso é uma brincadeira proposta por Harry Lorayne em um de seus livros: "Você possui um relógio de pulso analógico? Caso positivo, cubra-o e responda: O número 6 de seu relógio está escrito com algarismos arábicos ou romanos? Descubra seu relógio e veja se você acertou." Caso você tenha errado, não se preocupe. Em todas as minhas palestras pelo Brasil, pouquíssimas são as pessoas que respondem com convicção e de maneira correta (engraçado que muitos dizem com convicção a resposta errada). Agora que você sabe como é escrito o número 6 em seu relógio, cubra-o novamente. Que horas são nesse exato momento? Mais uma vez sua falta de observação provavelmente lhe enganou. Criar o hábito de observarmos mais as coisas ao nosso redor irá tornar nossa memória bem melhor.

## Interesse

O interesse é o principal pilar da memória. Nós memorizamos com bastante facilidade tudo aquilo que nos interessa.

A história de um soldado que voltou de uma longa missão no exterior mostra claramente como um interesse "especial" estimula inconscientemente a memória.

Um soldado voltava de uma missão e foi recebido no aeroporto por sua noiva. Enquanto esperavam a bagagem, ele apontou para a linda moça que viera no avião.

– *É a senhorita Tracy.*

– *Como sabe o nome dela?* – *perguntou a noiva.*

*O soldado então explicou à noiva que o nome dela aparecia junto ao do piloto e do co-piloto na porta da cabina de comando.*

– *Querido* – *perguntou ela* –, *como se chama o piloto?*

Note que a memória funciona automaticamente de modo a ajudá-lo a lembrar. Você se lembra das coisas que deseja lembrar e esquece as coisas que não lhe interessam tanto. Se você esquece de pagar uma conta, provavelmente é porque, em seu íntimo, você realmente não deseja pagá-la. Vejo muitas mães me procurarem dizendo que estão preocupadas com os filhos, pois eles têm uma memória muito ruim e andam tirando muitas notas baixas no colégio. Estranho eles terem memória tão ruim e serem capazes de escalar o time de futebol que torcem, evocar com precisão toda a saga de Dragonball Z ou qualquer outro assunto do interesse deles. Os seres humanos, independentemente da idade, têm excelente memória, mas, muitas vezes, são desinteressados por assuntos realmente importantes. Quando devemos memorizar algo importante, mas desinteressante, devemos criar o que chamo de motivo de memória.

## A arte da memória

A mnemotécnica, do grego *mnemo*, que significa memória, e *techne*, arte, é a arte que procura, por meio de regras e métodos, aumentar as faculdades naturais da memória. Trata-se de um método científico para criar uma memória artificial, mas superpoderosa.

A importância da memória entre as qualidades intelectuais tem sido reconhecida desde a mais remota antiguidade, e a mitologia grega, com todo o seu fabuloso conhecimento sobre os vícios e as virtudes humanas, reconhecia a memória como a base de todo o tipo de conhecimento.

Conta a lenda que, após a vitória dos deuses do Olimpo sobre os Titãs, foi solicitado a Zeus que se criassem divindades capazes de cantar a vitória e perpetuar a glória dos Olímpicos. Desse modo, Zeus dormiu por nove noites consecutivas com Mnemósine (deusa da memória), que deu à luz as nove musas: Clio, a musa da história, Euterpe, musa da poesia lírica, Tália, musa da comédia, Melpômene, a musa da tragédia, Terpsícore, musa da poesia lírica e da dança, Érato, musa da poesia amorosa, Urânia, musa da astrologia, Polímnia, musa da música cerimonial, e Calíope, musa da poesia épica e da eloquência.

No tempo dos gregos e romanos, as técnicas de memorização eram amplamente utilizadas por políticos e advogados. Esses profissionais eram olhados com desprezo se não conseguissem memorizar os longos discursos que faziam com frequência; para eles, era importante descrever os complexos meandros de uma argumentação e emocionar a audiência.

A arte da memória foi documentada pela primeira vez por Cícero em seu livro *De oratore*, no qual ele institui a memória como uma das cinco partes da retórica. Cícero inicia nos contando a seguinte história:

*Em um banquete oferecido na Tessália por um nobre de nome Scopas, em homenagem a seus feitos nos jogos olímpicos, o poeta Simônides de Ceos cantou um poema em homenagem ao anfitrião, incluindo, no entanto, uma passagem dedicada a Castor e Pollux. Após o ato, Scopas avisou o poeta de que lhe pagaria apenas metade da soma acordada relativamente ao canto do panegírico, e o resto ele o deveria pedir aos deuses gêmeos a quem ele dedicara metade do seu poema. Pouco depois, chegou um recado a Simônides que lhe indicava estarem dois jovens à sua espera fora do edifício. Levantou-se, saiu, mas não conseguiu encontrar ninguém. Durante sua ausência, o telhado do edifício ruiu, esmagando Scopas e todos os seus convidados. Os cadáveres ficaram tão mutilados e desfeitos que os familiares foram incapazes de os reconhecer. No entanto, Simônides lembrava-se dos lugares em que cada um estava sentado à mesa e, assim, conseguiu indicar aos familiares quais eram os seus mortos. A chamada dos jovens invisíveis Castor e Pollux tinha graciosamente pago a sua dívida ao poeta pelo panegírico, fazendo-o evitar a morte.*

Essa teria sido a experiência que sugeriu ao poeta os princípios da arte mnemônica, do qual se diz ter sido Cícero o inventor.

Segundo Cícero, a memória artificial seria estabelecida a partir de locais e imagens, a definição do guardado para ser repetido pelos tempos. Um local é um lugar facilmente apreendido pela memória, como uma casa, um espaço entre colunas, um canto, um arco etc. A informação a ser memorizada seria codificada em imagens e formas, marcas e simulacros (*formae, notate, simulacra*) daquilo que queremos lembrar. Por exemplo, se queremos lembrar de um cavalo, de um leão, de uma águia, devemos colocar suas imagens em determinados lugares.

*"A arte de memória é como uma escrita interna (...) os locais são como tábuas de cera ou papirus, as imagens como letras, o arranjo e a disposição de imagens, como o script, e a fala, a recitação, como a leitura... Os lugares permanecem na memória e podem ser usados novamente, muitas vezes... Bastante já foi dito de lugares. Agora vamos para a teoria das imagens. (...) há dois tipos de imagens, uma para coisas (res), e uma para palavras (verba). Isto quer dizer, memória para coisas forma imagens para lembrar de um argumento, noção, ou uma coisa; mas memória para palavras tem que achar imagens para lembrar de cada palavra."*

*Rhetorica ad Herenium*, de Cícero.

A arte da memória consistia basicamente em fixar na imaginação um ambiente composto de uma série de lugares, para que posteriormente se pudesse distribuir por todos esses lugares diversas imagens referentes a tudo aquilo que se fosse lendo ou ouvindo. Depois, bastaria repassar mentalmente aqueles lugares por sua ordem, a fim de resgatar a lembrança das coisas que neles foram colocadas. Por fim, restaria apenas "decodificar" as imagens, transformá-las novamente em palavras ou sons.

Os gregos costumavam atribuir à memória dois princípios importantes: a imaginação e a associação.

Atualmente, nos campeonatos de memória, expandimos esses princípios em oito:

## 1. Localização

Quando se perde algum objeto importante, a primeira coisa que vem à nossa mente é: "onde estávamos". Se for criar alguma imagem substitutiva para memorização, o ideal é que elas estejam ambientadas em locais que você conheça bem. Imagens soltas costumam ser facilmente esquecidas em virtude da falta de códigos poderosos de memória.

## 2. Sinestesia

Cada um de nossos cinco sentidos possui códigos independentes de memória. Ou seja, se você memorizar uma poesia pela evocação e posteriormente fizer um mapa mental sobre a poesia, criará dois códigos de memória, totalmente independentes um do outro.

## 3. Movimento

Em qualquer associação mental, ao imaginarmos movimentos amplos e rápidos, nossa fixação é bem maior.

## 4. Simbolismo

Substitua palavras abstratas ou termos técnicos por palavras que sejam fácil de imaginar. Assim, se lhe for pedido para memorizar a palavra paz, é melhor imaginar uma pomba. Caso queira memorizar a palavra violência, imagine um revólver ou algo que lhe remeta à violência.

## 5. Sensualidade

Todos nós temos uma excelente memória nessa área. Não se sinta constrangido ao utilizá-la.

## 6. Humor

Imagens divertidas são mais facilmente retidas na memória. Se divirta com suas imagens mentais.

## 7. Desproporção/Exagero

Imagens fora de proporção ou ilógicas fixam-se mais facilmente em nossa memória. Exemplo: se você for imaginar um elefante e uma barata, coloque a barata em um tamanho gigantesco e o elefante minúsculo.

## 8. Cores

Sempre que possível, torne suas imagens o mais coloridas possível para facilitar sua retenção.

Assim, a criação de códigos poderosos de memória implica a criação de imagens mentais o mais vívidas possível. Lembre-se do ditado: "Uma palavra vale mais do que mil palavras." Se ela seguir as normas listadas anteriormente, ela valerá bem mais do que isso.

CAPÍTULO 2

# COMO SE LEMBRAR DE NOMES E FISIONOMIAS

*"Desenvolva sua memória. Isso pode ser muito importante. Eu me recordo de experiências e oportunidades perdidas simplesmente porque não me lembrava de um nome, de um lugar ou mesmo de um número, e isso faz a diferença entre sucesso e fracasso."*
*Greg Econn, presidente da James Econn & Co*

## Uni-BH

Em agosto de 2004, lecionei técnicas de memória para os alunos do Unicentro Belo Horizonte (Uni-BH). Como não estudo lá, todos os dias eu precisava de uma autorização da coordenadora para poder entrar. Ao chegar na portaria da instituição dava meu nome, e o porteiro checava se a autorização havia chegado. Assim, agradecia a educação do porteiro e depois perguntava seu nome. Em poucas semanas, eu sabia o nome de todos os porteiros da faculdade.

No último final de semana em que daria aula no Uni-BH, estranhamente, a coordenadora se esqueceu (sim, ela não leu este livro) de deixar minha autorização na portaria. "Sinto muito, você não poderá entrar", disse o porteiro. Chateado, indaguei: "Poxa vida, Jorge Luiz! Sou eu, Alberto, o professor de memória. Semana passada foi você mesmo quem abriu a porta para mim. Inclusive quem estava na portaria com você eram o Roberto e o Helbert." Parecia que havia acertado um gancho certeiro em seu rosto: "Nossa... Alberto o seu nome, né? Me desculpe mesmo! Não me lembrava de você. Pode entrar, depois converso com a coordenadora." Bem, mais uma vez saber o nome das pessoas me foi útil.

## TÉCNICA BÁSICA

Quantas vezes você já passou pelo constrangimento de estar conversando com uma pessoa com quem você convive diariamente e se esqueceu de seu nome? Muitas pessoas dizem esquecer facilmente os nomes das pessoas. Na verdade isso não acontece, pois elas muitas vezes não chegam nem a ouvir os nomes das pessoas que lhe são apresentadas. Se você não ouvir o nome da pessoa corretamente, como será capaz de lembrá-lo depois? Já reparou que quando uma pessoa é apresentada para um grupo de desconhecidos, ela se preocupa tanto em dizer o próprio nome que nem repara no nome dos outros?

A primeira regra para começar seu treinamento de memorização de nomes é: ouvir bem o nome. Parece simples, mas as pessoas não costumam fazer isso. Todos gostam que os outros demonstrem interesse pelos seus nomes. Assim sendo, não tenha receio em pedir para a pessoa repetir um nome, caso você não tenha ouvido bem. Alguns nomes possuem grafia dupla ou complicada. Sempre que achar necessário, cesse suas dúvidas sobre a grafia dele. Caso seja um nome diferente, comente o fato. Nomes diferentes geralmente fixam melhor em nossa memória que os muito comuns. Procure introduzir ocasionalmente o nome no meio da conversa. Sempre se despeça da pessoa repetindo o nome desta.

Apenas essas dicas já provocarão uma melhora surpreendente em sua capacidade de memorizar nomes. A seguir, serão ensinadas dicas para tornar sua capacidade de memorizar nomes de pessoas algo extraordinário.

---

Cuidado!

Todas as técnicas de memorização de nomes devem ser utilizadas com o mínimo de bom senso. Um dia desses, após comprar um sapato, o vendedor foi tirar a nota fiscal e perguntou: "Senhor, Alberto é com L ou com U?" Apesar de ter CERTEZA de que ele queria apenas usar o bom hábito de comentar sobre o nome da pessoa, devo admitir que a pergunta não soou muito bem.

---

## A primeira impressão é a que fica

Sei exatamente qual era o meu principal problema para memorizar nomes de pessoas e imagino que seja o mesmo que o seu. Apesar de eventualmente ouvir adequadamente os nomes das pessoas, ainda assim nos faltam vínculos mnemônicos entre o nome da pessoa e o seu rosto. Assim, torna-se necessário um julgamento inicial. Qual a primeira impressão que essa pessoa lhe passa? Uma pessoa caridosa? Mesquinha?

Sei que esse julgamento deve ir de encontro a tudo o que seus pais lhe ensinaram na infância, mas se você não quiser mais ter problemas de esquecimento de nomes de pessoas, devo alertá-lo de que você deverá fazer o oposto: "julgar o livro pela capa!"

## O MÉTODO

Com a consciência limpa por ter-lhe alertado sobre meus métodos pouco éticos de memória, poderemos prosseguir com os detalhes mais sórdidos. Usaremos uma grande variedade de técnicas, mas todas se basearão no julgamento inicial. "Hmmm... esse senhor tem cara de pão-duro", "Essa mulher parece modelo profissional" ou até mesmo: "Esse homem parece que trai a mulher todos os dias." Esse julgamento é importante porque quando você rever a pessoa recém-apresentada, a primeira coisa que virá à sua cabeça será o julgamento inicial que você fez dela. Assim, um importante elo mental será feito entre a pessoa apresentada e seu nome. Dica: Não conte às pessoas recém-apresentadas qual o seu julgamento inicial a respeito delas. Elas costumam não gostar.

Durante o julgamento inicial é importante que você repare bem no rosto da pessoa. Existe algo que lhe chame a atenção? Olhos verdes muito bonitos, um nariz muito grande ou mesmo orelhas de abano. Não importa se o que lhe chama a atenção é bonito ou feio. O importante é que você repare bem no rosto da pessoa.

## Conheço alguém com esse

As técnicas avançadas para memorização de nomes dividem-se em dois tipos: nomes conhecidos e nomes desconhecidos. Não acho necessário dizer (mas estou dizendo por ser teimoso) que o julgamento é necessário independentemente do tipo de técnica a ser utilizada.

## Parece-me familiar

Sempre que possível, estude o rosto da pessoa antes de guardar seu nome. Será que esse rosto lhe lembra alguém? Alguém que você conheça, como algum amigo da faculdade, algum tio ou até mesmo sua namorada. Talvez ele lhe remeta a algum político corrupto famoso, um cantor sertanejo ou uma dançarina de axé.

Sua reação deve ser imediata. Não importa se a semelhança for pequena. Essa pessoa deve servir apenas como um dispositivo para você se lembrar. É importante ressaltar que a primeira ideia que vem a sua cabeça SEMPRE é a melhor. Essa ideia que veio hoje em sua cabeça será a que você terá quando vir essa pessoa novamente.

Vamos supor que você será apresentado para alguém que, por alguma razão desconhecida (aparência ou modo de agir) lhe remeta à figura do Ronaldinho Gaúcho. Pronto! Metade do trabalho já está feita, mesmo que você ainda não saiba o nome verdadeiro.

Lembra-se dos ingredientes principais para uma boa memória? Você agora deve imaginar um LOCAL que remeta ao jogador Ronaldinho Gaúcho. Um local óbvio é um estádio de futebol. Imagine um estádio que você já tenha visto na televisão ou até mesmo ido pessoalmente.

Agora que um LOCAL já foi definido, você está pronto para aprender o novo nome. Ele se apresenta como Guilherme Oliveira. Primeiro, aprenderemos o primeiro nome. Escolha algum amigo, conhecido ou artista chamado Guilherme e coloque-o no estádio imaginado. Imagine-o jogando futebol em um campo infestado de azeite de oliva (que lhe remete ao sobrenome Oliveira). Se o sobrenome da pessoa fosse, por exemplo, Medeiros, e nenhuma ideia substitutiva venha à sua cabeça, basta que você escolha alguma pessoa conhecida que tenha o sobrenome Medeiros interagindo com o seu amigo Guilherme no campo de futebol. Isso não causa confusão, pois a memória real tratará de lembrar que a primeira pessoa está "emprestando" o seu primeiro nome e que a segunda está "emprestando" o seu sobrenome.

A técnica funciona porque é baseada em associações (maneira como a memória funciona). As associações criadas foram estas:

Rosto da pessoa ⇒ Ronaldinho Gaúcho ⇒ Estádio de futebol ⇒ Seu amigo Guilherme ⇒ Azeite ⇒ Oliveira

Quando reencontrá-lo, você mais uma vez achará que ele se parece com o Ronaldinho Gaúcho. Isso lhe fará pensar em estádio de futebol. O estádio de futebol lhe remeterá ao curioso jogo de futebol em que seu amigo Guilherme jogava bola em um estádio inundado por azeite de oliva por todos os lados. É importante que você tenha incorporado todos os ingredientes para uma boa memória, listados no **Capítulo 1.**

O que você faria se a pessoa a ser conhecida se parecesse com o Michael Jackson? Talvez o LOCAL mais adequado para sua imagem mental fosse uma boate. Use sempre as primeiras associações que vêm a sua mente, já que serão as primeiras que virão quando você vir a pessoa mais uma vez.

## Isso tudo não é muito complicado?

O.k.! O método deve funcionar, mas até eu imaginar todas essas coisas, a pessoa que quero conhecer já terá ido embora. Na verdade, a velocidade vem com a prática. Atualmente sou capaz de memorizar o nome de dezenas de pessoas em apresentações em poucos minutos. E o cérebro é muito bom para guardar imagens.

## Por que utilizar um LOCAL dessa forma funciona?

Costumo dizer que o pior lugar para se guardar alguma informação é na ponta da língua. O que você acha que se passa na sua cabeça quando você diz: "Espere um instante! O nome dele está na ponta da língua?" Na verdade o seu cérebro está tentando se lembrar do local onde você o encontrou pela última vez, torcendo para que ele lhe remeta ao seu nome. Assim, inserir o LOCAL artificialmente (como fizemos no exemplo supracitado, com o estádio) é imprescindível para lembrarmos o nome de alguém.

## O TÍPICO EMPRESÁRIO

O que fazer quando você se depara com alguém que não se parece com ninguém que você conheça? Se isso acontecer, tente descobrir pelo julgamento inicial qual o tipo de pessoa ele ou ela é. Apesar do que já lhe disseram, faça julgamentos. Mais uma vez, é importante manter a primeira ideia que vier à sua cabeça.

Vamos supor que a pessoa para quem você é apresentado se parece com o típico homem de negócios. Um avião pode ser um bom LOCAL que lhe remeta à figura de um empresário. Ele diz o nome: Paulo Henrique. Imagine seu amigo Paulo interagindo de uma maneira inusitada dentro de um avião, com os bolsos cheios de moedas de ouro (Henrique ⇒ Riqueza), que ficam caindo a cada passo que ele dá. Muitas vezes o sobrenome pode ser substituído por objetos mesmo que foneticamente eles não tenham semelhança alguma.

Vamos supor que você conheça algum pianista que se chama Henrique. Você pode, então, deixar seu amigo Paulo interagindo com um piano dentro do avião.

Quando se encontrar com essa pessoa novamente, você mais uma vez achará que ela tem jeito de empresário. Dessa forma, mais uma vez será feita uma série de associações:

Rosto da pessoa ⇒ Empresário ⇒ Avião ⇒ Seu amigo Paulo ⇒ Moedas de ouro ⇒ Riqueza ⇒ Henrique

É importante que você se lembre de que essa técnica é bem pessoal. Somente você sabe a aparência de um típico advogado, empresário, professor, médico, dentista ou qualquer outra profissão. O meu modelo de advogado pode ser o seu modelo para professor universitário e vice-versa. O modo como estereotipamos as pessoas tem por base nossas experiências anteriores. Não se esqueça: por mais injusto que seja seu julgamento inicial, esse é o melhor método para se lembrar de nomes.

## Não me lembra ninguém

Algumas pessoas infelizmente não nos remetem a ninguém em especial (nem a alguém conhecido nem a algum estereótipo). São pessoas desinteressantes e facilmente esquecíveis. Quando isso acontecer, você precisa usar o local em que vocês foram apresentados para criação das imagens.

Vamos supor que você está em uma reunião de negócios na casa de um amigo e acaba de ser apresentado a Ricardo Chaves. Seu rosto não lhe é familiar, e você não se sente capaz de julgá-lo adequadamente. Nesse caso, insira algum conhecido chamado Ricardo (amigo, ator, cantor...) na casa de seu amigo (local em que a apresentação foi feita), carregando várias chaves gigantes e pesadas (para lembrar-se do sobrenome).

Na próxima vez em que você encontrar Ricardo Chaves, a seguinte série de associações será feita:

Rosto da pessoa ⇒ Casa do seu amigo ⇒ Seu amigo Ricardo ⇒ Chaves gigantes e pesadas ⇒ Chaves

Parece loucura, mas funciona. Isso é o que importa!

## Nomes desconhecidos

# Nomes com significado embutido

Muitas vezes, somos apresentados a pessoas com nomes desconhecidos, mas que têm um significado muito bem definido. Nomes como Rosa, Elmo, Machado ou Íris podem ser facilmente visualizados. Vamos supor que você acaba de conhecer a Dona Íris. Infelizmente você não conhece ninguém chamado Íris. Sem problema! Basta que você observe-a e faça um julgamento. Essa nova pessoa se parece com alguém famoso? Ela se encaixa no estereótipo de alguma profissão? Caso afirmativo, pense na primeira localização que lhe vier à mente. Pode ser um estádio de futebol, uma boate ou um hospital. O importante é que você escolha a primeira localização que lhe venha à cabeça. Caso essa pessoa seja desinteressante e facilmente esquecível, use o local do primeiro encontro como sua localização.

Agora que já temos uma localização (base de todo nosso curso de memória), basta que você crie uma imagem envolvendo a pessoa em questão, o seu nome e o local determinado. Assim, supondo que Íris se pareça com uma atriz, você poderia imaginar Íris (pessoa apresentada) lutando com um olho gigante (Íris) em um *set* de filmagem (local).

Rosto da pessoa ⇒ *Set* de filmagem ⇒ Pessoa brigando com um olho gigante ⇒ Íris

# Nomes sem significado

Infelizmente, ao sermos apresentados a nomes desconhecidos, deparamo-nos com aqueles que não nos remetem à imagem nenhuma. Certos nomes, como Bernardo ou Jonathan, não são facilmente visualizáveis. Nesse caso, devemos dar um significado ao nome. Substitua-o por uma palavra que foneticamente seja semelhante, mas que seja fácil de imaginar. Exemplos: Iolanda, substitua por ioiô, Leonardo por leopardo... Se você substituir um nome por um substantivo que seja a primeira sílaba do nome, o método também funciona. Exemplos: Paulo por pau, Renata por rena e assim por diante. A escolha da palavra a substituir o nome é algo bem pessoal. Assim sendo, suas escolhas podem não combinar com a minha. Mas não importa. O efeito é o mesmo.

Vamos supor que você acaba de conhecer o Paulo. Faça o julgamento como de costume e escolha um local. Hmm... esse Paulo parece com o tenista Gustavo Kuerten. Assim, o local escolhido será uma quadra de tênis. Como você não conhece nenhum outro Paulo, crie um significado foneticamente semelhante a esse nome. Vamos substituir Paulo por pau. Dessa forma, você pode imaginar a nova pessoa apresentada (Paulo) jogando tênis em uma quadra de saibro, usando um pedaço de pau como raquete.

Rosto da pessoa ⇒ Gustavo Kuerten ⇒ Quadra de tênis ⇒ Pedaço de pau ⇒ Paulo

Sei que pode parecer bizarro ou até mesmo infantil, mas essas técnicas realmente funcionam. Políticos muito populares, como Paulo Maluf ou John Kennedy, são mestres em utilizar esses métodos. Ao sabermos os nomes das pessoas, rapidamente saímos do patamar de conhecidos para nos tornarmos amigos delas. O nosso próprio nome é a melhor música que poderíamos ouvir em uma conversa.

---

## Exercício

Procure saber o nome de ao menos dez pessoas com as quais você convive, mas desconhece o nome. Use as técnicas e perceba as vantagens em saber o nome das pessoas.

---

CAPÍTULO 3

# ESTRATÉGIAS INTERNAS

*"A vantagem de ter péssima memória é divertir-se muitas vezes com as mesmas coisas boas como se fosse a primeira vez."*
Friedrich Nietzsche

## Onde está aquele cheque?

A distração é provavelmente a mais comum de todas as pequenas aflições do dia a dia. Incontáveis vezes, todos nós já "esquecemos" de dar um recado, pagar uma conta, mandar um cartão de aniversário ou até mesmo onde colocamos nossos óculos. Quantas vezes você já guardou algo muito valioso em um local seguro e algumas horas depois se desesperou por não encontrá-lo? Albert Einsten é famoso não apenas por sua genialidade, mas também por sua capacidade de distrair-se, já esquecendo um vultoso cheque perdido dentro de um livro.

Pense por alguns instantes com que frequência você vê pessoas procurando pela chave da porta de casa, pela carteira, pelo guarda-chuva, pelo talão de cheques ou mesmo por uma caneta que "estava há pouco em minha mão". Essas situações podem ser um pouco irritantes e devastadoras. Se você coloca, sobre a estante, um jornal ou uma caneta, e subsequentemente se "esquece" onde os colocou, você pode se irritar um pouco. Mas, considere o caso de alguém que fez os seis pontos na mega-sena e perdeu o bilhete? Não são raros casos como esses.

Existem muitas ocasiões nas quais a distração pode ser embaraçosa e custosa. Se você precisa pagar uma conta e se esquece, provavelmente terá de pagar mais tarde com multa e juros inclusos. Vamos a outro exemplo. Imagine que, após anos de espera, surge o concurso público que você tanto aguardava. Você teria todas as condições de passar, mas, infelizmente, se "esqueceu" de fazer a inscrição ou então de comparecer ao local da prova no dia determinado.

Muitas pessoas têm seus próprios métodos para lidar com a distração. Alguns infestam o computador e a geladeira de recados em *post-it*. Outros amarram um pedaço de pano ao dedo ou ainda escrevem todas as tarefas no próprio braço. O problema com esses métodos é que, se utilizados da maneira incorreta, não funcionam – você gasta horas olhando para o nó em seu indicador, confabulando sobre o que precisava se lembrar ou tentando decifrar os hieróglifos borrados em seu braço.

Neste capítulo, abordaremos métodos simples e sistemáticos para evitar a distração, criando códigos de memória poderosos.

## Diferentes tipos de domínios de memória

Você pode se lembrar de todo Código Civil ou Penal, mas isso não o tornará capaz de se lembrar de trazer pães na volta para a casa. Ainda que você seja capaz de memorizar um baralho em menos de um minuto, também não terá a garantia de se lembrar do aniversário da namorada ou da consulta com o dentista.

Não existe qualquer relação entre a sua memória para fatos e sua memória para ações futuras e para intenções.

## Memória não é uma coisa

A memória tem sido comparada com um armário, uma livraria ou, ainda, com um computador. Apesar de ser capaz de armazenar diversas informações, a memória não é simplesmente um depósito. Memória não é uma coisa, e sim um processo.

Diferentes tipos de informação são tratados de modos diferentes em nossa memória. Você acha que uma lei qualquer é armazenada da mesma forma que um trecho de alguma música em nossa memória? Ou da mesma forma como nos lembramos da(o) namorada(o) ao sentir alguém usando o mesmo perfume que ela(e) usa diariamente? Ou, até mesmo, da forma como lembramos que o número 1.202 vem depois do número 1.201?

Nós temos memórias que envolvem sentidos diferentes. Também temos memórias que envolvem o passado e memórias que envolvem o futuro. Temos memórias de fatos, de pessoas, daquilo que gostamos ou detestamos. Existem memórias de diversos tipos e que pertencem a classes diferentes. Os especialistas costumam chamar essas classes de domínios. Portanto, existe um domínio para fatos, pessoas, eventos, habilidades e um domínio para futuras ações e intenções. Desse modo, para melhorar a memória para ações futuras e intenções é preciso que você entenda como esse tipo funciona.

## Gatilhos de memória

Para lembrar-se de algo aprendido ou de experiências passadas geralmente utilizamos gatilhos de memória. Quando avistamos um amigo, diversos gatilhos de memória são disparados: nome, profissão, idade... A pergunta "qual a capital do Brasil?" engatilha a informação armazenada "Brasília". Lembramos da(o) nossa(o) namorada(o) quando passamos por uma loja e sentimos certo perfume, porque sentir o perfume da pessoa amada é um poderoso gatilho de memória.

Uma vez fui ministrar uma palestra sobre técnicas de estudo e memória no colégio em que estudei durante a minha infância. Foi incrível a quantidade de gatilhos de memória que surgiram quando entrei na escola.

Mesmo que aparentemente alguma memória surja em nossas mentes sem qualquer motivo aparente, é provável que houve algum gatilho de memória responsável por essas lembranças. Por conseguinte, surge a primeira regra em busca de uma supermemória: se você deseja se lembrar de fazer algo, concentre-se no gatilho de memória, e não na intenção propriamente dita. Pesquisas têm mostrado que, ao contrário do que se imagina, não existe tanta relação entre a importância dada a um evento futuro e sua capacidade de se lembrar dele, a não ser, é claro, em casos extremos.

## Memorização e decoreba

Frequentemente me fazem a seguinte pergunta: "Para que memorizar se eu posso entender?" Ou então já soltam o comentário: "Sinceramente, não consigo memorizar, preciso entender antes." Esses comentários são ingênuos, pois memorização e decoreba são coisas completamente distintas. Ao contrário do que se possa imaginar, esses comentários não são exclusividade do senso comum. Uma vez, li em uma reportagem que "especialistas em educação criticavam o uso de técnicas mnemônicas, visto que elas eram fruto de um descaso com o ensino." É uma pena que Cícero não tenha podido ler isso – ainda que haja tempo para que, aqueles que proferiram essas críticas, possam lê-lo.

Técnicas de memorização referem-se à incorporação de mais gatilhos de memória, facilitando a evocação de qualquer assunto aprendido anteriormente. Veja que não existe sentido em utilizar técnicas de memorização sem que haja o entendimento prévio do assunto a ser memorizado, visto que, sem o entendimento adequado, é praticamente impossível criar gatilhos de memória eficientes. Assim, ao utilizar um mapa mental para se lembrar das aulas de Direito, o aluno simplesmente cria novos códigos visuais para uma informação já apreendida anteriormente, evitando o esquecimento. Ao se evocar o material estudado, o estudante mais uma vez faz uso de técnicas de memorização, incorporando novos códigos (o som de sua própria voz) à rede de informações em que o assunto está inserido.

A decoreba refere-se à criação de códigos ineficientes de memória. Desse modo, pela repetição pura e simples, o estudante tenta apreender muita informação em um curtíssimo espaço de tempo. Esse é um método completamente equivocado de se adquirir novos conhecimentos, pois, sem o entendimento, não é possível criar uma rede eficiente de memorização. Logo, o aluno que se utiliza da decoreba é incapaz de se articular adequadamente sobre o assunto decorado. Felizmente, minha proposta não é essa – ainda que muitos "especialistas em memorização", sem qualquer formação acadêmica na área, indiquem que memorizar algumas palavras-chave possa resolver qualquer problema de memória.

## É difícil se lembrar de intenções

Infelizmente é mais difícil se lembrar de intenções e eventos futuros, uma vez que na maioria das vezes não podemos nos dar ao luxo de esperar que surja algum gatilho de memória que nos remeta à lembrança desejada. Se precisarmos comprar uma blusa nova, nem sempre podemos esperar que avistemos no shopping a blusa desejada. Analogamente, não podemos também esperar que cortem a luz ou a água de nossa casa para lembrar-nos de pagar as contas mensalmente.

É mais difícil lembrarmos de ações futuras quando elas fogem de nossa rotina. Lembrar-se de alimentar os peixes de seu aquário geralmente não é um problema, visto que é algo que você faz diariamente. No entanto, lembrar-se de alimentar os peixes dos vizinhos quando eles estão viajando realmente é bem mais complicado.

## Lapsos rotineiros não são falhas de memória

O esquecimento de ações corriqueiras geralmente não é falha de memória, e sim de atenção. Podemos listar como tipos de lapsos de memória:

- Ações que você já esqueceu de ter feito, como checar se a porta de sua casa está fechada ou se o carro está com o freio de mão puxado, mesmo que já tenha feito essas ações.
- Ações substitutivas, como quando você joga a banana no lixo em vez de jogar a casca.
- Ações incompletas, como quando você coloca a panela no fogão e se esquece de acender o fogo ou quando coloca a forma de gelo vazia no congelador.

Nenhuma dessas ações é causada por lapsos de memória, visto que você percebe claramente, logo após o ocorrido, que o que está fazendo não está de acordo com o seu objetivo inicial. O primeiro tipo de erro – duvidar sobre uma ação já tomada – ocorre principalmente quando a ação é parte de nosso dia a dia e é executada automaticamente. Uma dica para evitar esse tipo de distração é simplesmente prestar atenção. No entanto, também existem outras técnicas para essas situações.

## Como se lembrar de intenções

Você encontra-se distraído quando toma alguma atitude inconscientemente, sem pensar. A distração não tem qualquer relação com a memória. A prova disto é que grandes professores em universidades e cientistas, dotados de grande memória, tendem a ser distraídos por darem tanta atenção a seu trabalho, esquecendo o mundo que os cerca.

A solução? Pode parecer idiota, mas basta que você preste atenção no que está fazendo. E claro que falar é fácil, mas como você pode ter certeza de que vai se esforçar para se concentrar em tudo o que faz em situações corriqueiras do dia a dia?

Inicialmente, reflita sobre os tipos de distrações que você está acostumado a ter. Quais deles são realmente frequentes e irritantes? Para esses, você precisa criar um gatilho de memória para lembrar-se de sua ação futura.

Em seu livro *Remembering intentions*, a Drª Fiona McPherson nos dá um exemplo bem interessante sobre bons hábitos de memória.

Todas as manhãs, ela inicia o dia com dois copos de água morna com suco de limão. Lembrar-se disso realmente não é um problema, visto que é um de seus hábitos diários. No entanto, o problema surge quando ela se questiona se já tomou os dois copos ou se ainda falta um. Apesar de soar idiota, esse tipo de atitude é muito frequente, principalmente quando fazemos várias coisas ao mesmo tempo.

Então, para ter certeza de que tomou o segundo copo ela apenas remove os limões espremidos da pia após beber o segundo copo. Se surgir alguma dúvida sobre ter tomado os dois copos, basta dar uma olhada na pia: se ainda estiverem lá os limões espremidos, ainda precisa tomar o segundo copo. Esse é um bom exemplo de um uso correto de estratégias externas de memória.

Também é possível se livrar da distração utilizando estratégias internas de memorização. Para isso, basta criar alguma associação consciente que lhe remeta ao evento futuro. Por exemplo, muitos se aborrecem por esquecer de pagar alguma conta de telefone que vence no dia corrente. O primeiro passo em busca do fim da distração é decidir o que você faz, ou vê, no último momento antes de sair de casa. Quanto a mim, é a fechadura da porta, visto que devo trancá-la antes de sair. Para lembrar-me de pagar as contas, devo criar uma associação que envolva todos os princípios do primeiro capítulo entre contas de telefone e a fechadura da porta de casa. O local mais indicado para essa imagem seria sua própria sala de visitas ou o cômodo mais próximo da porta de saída de sua residência. Uma possibilidade seria você imaginar em sua sala de visitas um telefone enorme (conta de telefone) tentando passar pela fechadura (última coisa a ser vista) da porta da sala.

Claro que isso irá lhe ajudar a se lembrar de pegar a conta de telefone antes de sair de casa, mas você ainda pode se esquecer de pagá-la. Para resolver esse problema, basta criar uma outra imagem inusitada envolvendo a conta de telefone e a maçaneta ou fechadura da porta de seu escritório. Assim, ao chegar ao serviço e avistar a porta do seu escritório, você se lembrará de pagar a conta de telefone.

Esse método simples pode ser aplicado a qualquer ação da qual você queira se lembrar. Por que estragar uma noite romântica com a namorada por estar preocupado com a dúvida se a porta da frente de sua casa foi trancada ou se o forno foi realmente desligado? Crie o hábito de fazer uma rápida associação a cada vez que você executa essas ações. Por exemplo, sempre que trancar a porta da frente, imagine seus dedos sendo sugados pela fechadura, causando imensa dor. Para se lembrar se o forno foi desligado, crie o hábito de sempre imaginar sua cabeça sendo assada no forno, sempre que você desligá-lo.

Não se preocupe em confundir a imagem feita ontem com a imagem criada hoje. A atenção e a memória real darão conta do recado, deixando claro se a ação memorável é atual ou antiga. Se você não se lembrar de ter imaginado sua cabeça assando dentro do forno hoje, é porque ainda não o desligou.

Talvez você seja uma daquelas pessoas que chegam a um cômodo da casa sem saber o que iria fazer lá. Para evitar esse desconforto, basta que, antes de sair em busca do objeto, você crie uma imagem inusitada entre o objeto em questão e o cômodo em que ele se encontra. Dessa forma, se deseja buscar o martelo na garagem, basta que crie uma imagem localizada na garagem envolvendo você e o martelo. Ao chegar à garagem, se lembrará facilmente da cena do seu inusitado duelo com o Sr. Martelo e se lembrará de buscá-lo. Dê uma chance ao método: ele realmente funciona.

Se você usa óculos e sempre esquece onde os deixou, tente formar uma associação no momento em que os deixa. Se os deixou sobre a estante do seu quarto, imagine uma cena localizada em seu quarto, envolvendo a estante e seus óculos. Você pode imaginar que um par de óculos gigantes está destruindo a estante ou mesmo que os livros dela estão deixando em pedacinhos seus queridos óculos. Se você deixou os óculos sobre o aparelho de TV, basta que imagine uma cena localizada na sala de televlsão em que sua TV está utilizando óculos gigantes. A próxima vez em que pensar nos óculos, você se lembrará da cena imaginada.

Sempre crie uma associação no momento em que executar qualquer tarefa. Se você deixa os óculos sobre a mesa sem criar qualquer situação, provavelmente estará procurando por eles nos próximos minutos. Você pode sentir que essas associações são uma perda de tempo. No entanto, após testar o método algumas poucas vezes, perceberá que o tempo gasto com a criação dessas imagens é bem inferior ao tempo gasto com a lamentação sobre a localização de seus pertences, bem como com o esquecimento de compromissos

# Memória do conhecimento

A memória do conhecimento é inteiramente alicerçada em torno de conceitos. Por conseguinte, esses conceitos se alicerçam em torno de categorias temáticas. Finalmente, as categorias são conjuntos ou superconjuntos que abarcam diversos elementos que compartilham similaridades.

Por exemplo, um gato pertence a um conjunto chamado felinos. Desse modo, outros animais como tigres, leões e onças também pertencem a esse mesmo conjunto em virtude das semelhanças que compartilham. No entanto, o gato pode ser categorizado como membro de um conjunto muito superior: o dos mamíferos. Ainda que muito diferentes, gatos, elefantes e cangurus compartilham diversas semelhanças que nos permitem categorizá-los dessa forma.

Essas categorias são arranjadas de maneira hierárquica. Insta salientar que, quanto mais subordinado o nível da informação, menos abstratos são seus conceitos. Veja, por exemplo, a categorização do conceito HOMEM.

Seres vivos

⇓

Animais

⇓

Mamíferos

⇓

Primatas

⇓

Homens

Cada uma dessas categorias possui diferentes informações compartilhadas. Por exemplo, se você deseja diferenciar um cocker spaniel e um pastor alemão, possivelmente terá de consultar informações específicas de cada raça da espécie cachorro. No entanto, se você deseja saber se um cachorro se alimenta de leite quando recém-nascido, provavelmente precisará consultar a categoria mamíferos.

Veja que exemplo curioso. É mais difícil excluir um conceito como membro de uma categoria quando ele compartilha diversas categorias com ela. Por exemplo, gastamos mais tempo para decidir que uma árvore não é um animal do que para decidir se um tijolo é um animal.

Em decorrência dessas características, a memória de conhecimento é mais facilmente armazenada se é feito o uso das categorias durante sua memorização. Isso também explica o motivo pelo qual, em um "branco", é mais fácil evocarmos a informação perdida se fizermos nossa busca pelas categorias, em vez de pelo alfabeto, por exemplo. Assim, se você deseja se lembrar do nome de algum cantor, é mais fácil lembrar se você se concentrar nas características físicas dele, seu gênero musical, os locais onde ele toca, em vez de ficar fazendo buscas sucessivas pelo alfabeto.

## Exercício

Durante dez segundos, tente escrever o máximo de palavras que se iniciam por N. Em seguida, durante outros dez segundos, tente escrever o máximo de palavras que se encaixam na categoria "frutas".

Ainda que existam muito mais palavras iniciadas por N do que frutas, possivelmente você escreveu mais nomes de frutas do que palavras que se iniciam por N.

Assim, quando for memorizar alguma informação que pertença ao domínio do conhecimento, o ideal é que ela esteja categorizada. Se deseja memorizar uma lista de compras, organizá-la em torno de categorias – produtos de limpeza, carne, vegetais, frutas, leites e derivados – possivelmente tornará sua memória bem mais eficiente nesse quesito. Em seus estudos, a utilização de quadros sinópticos, mapas conceituais e mapas mentais são algumas excelentes ferramentas que lhe auxiliam na criação dessas categorias. Caso desconheça completamente essas ferramentas (os organizadores gráficos), recomendo que dê uma olhada em meu livro *Supermemória para Concursos*, publicado pela Digerati Books.

# Método das jornadas

O método das jornadas ou método dos locais foi a primeira estratégia mnemônica criada, sendo utilizada pela primeira vez por volta de 2.500 anos atrás. Para utilizá-lo, escolha uma rota que você conheça bem. Em seguida, crie diversas referências ao longo desta. A rota escolhida pode ser o caminho que o ônibus faz de sua casa à sua escola; o caminho que você utiliza para ir a uma boate ou ainda uma rota dentro de sua casa, que o leva de seu quarto até a porta da frente. Após a criação da jornada, basta que você mentalize alguma imagem associativa entre a informação e cada uma dessas referências. Por exemplo, para memorizar uma lista de compras, você pode imaginar diversos feijões espalhados no chão de seu quarto, uma maçã gigante interagindo com a porta da sala, uma sopa esparramada sobre a mesa da sala de jantar e até mesmo um pacote de pão de forma saindo de sua caixa de correios. Essa técnica funciona muito bem para a memorização de listas. O motivo é simples:

- Ela cria associações entre informações novas e informações já consolidadas há muito tempo.
- Utiliza, ainda, imagens mentais para fortalecer os códigos de memória.

Uma situação do cotidiano em que essa técnica é muito útil e eficiente é no caso de garçons que vão de mesa em mesa anotar drinques e pedidos. Dada a pressa com que trabalham, visualizar drinques e pedidos em jornadas é uma estratégia muito mais eficiente do que simplesmente anotá-los.

Em campeonatos de memória, cada competidor usa uma técnica muito pessoal para a memorização de fatos, dígitos, datas e baralhos. No entanto, independentemente do método que cada atleta utiliza, todos são baseados no método das jornadas.

## Método do vínculo ou da história

Da mesma forma que o método das jornadas, o do vínculo também utiliza imagens mentais para associar ideias e palavras. No entanto, em vez de utilizarmos a estrutura definida anteriormente para associar cada uma dessas informações (como as referências de uma jornada), os itens são associados uns aos outros. Por exemplo, para memorizar uma lista de compras que contenha pão, macarrão, maçãs e bananas, você precisará criar uma imagem na qual o pão e as bananas, de alguma forma, interagem entre si. Em seguida, uma imagem que envolva macarrão e maçãs, e assim sucessivamente. Dessa forma, cria-se uma corrente em que cada imagem evoca a próxima, até que todos os itens sejam evocados.

## *Flash cards*

*Flash card* é um pedaço de papel (geralmente cartolina) utilizado como ferramenta para o aprendizado. O tamanho de cada um deles é variável. Recomendo que seja compatível com o de sua carteira ou bolso da calça.

Em cada cartão você escreve alguma pequena informação que deseja aprender: leis, fórmulas, tabuada etc. Você deve guardar todos esses pequenos cartões em um local de fácil acesso (geralmente a carteira), para que possa verificá-los durante todo o dia.

Os *flash cards* funcionam por dois grandes motivos:

**a)** Respeitam o fenômeno da reminiscência;

**b)** Utilizam melhor seu tempo livre, visto que você pode dar uma pequena olhada em cada um deles no ponto de ônibus, sala de espera do dentista ou até mesmo no trabalho (se você não for piloto de avião, claro).

Os *flash cards* foram introduzidos na aprendizagem por um cientista alemão chamado Sebastian Leitner, nos anos 1970. Essa é a forma como seu método funcionava: cada cartão continha uma pergunta de um lado e no verso a resposta. Ao ler a pergunta, o estudante verificava se sabia a resposta. Caso afirmativo, o cartão era movido para o bloco de cartões já estudados. Caso o estudante desconhecesse a resposta o cartão era movido para o bloco de cartões a serem revistos posteriormente.

## Acrônimos

Acrônimo é uma palavra formada pelas letras ou sílabas iniciais de palavras sucessivas de uma locução, ou pela maioria destas partes. Observe o exemplo dos princípios básicos da Administração Pública (artigo 37, da Constituição). A partir da palavra LIMPE, você vai se recordar que os princípios são Legalidade, Impessoalidade, Moralidade, Publicidade e Eficiência.

No Ensino Médio, é comum ensinarem aos estudantes o acrônimo MACHO, para que se lembrem das etapas de balanceamento químico. Assim, deve-se balancear inicialmente os **M**etais, **A**metais, **C**arbonos, **H**idrogênios e **O**xigênios, nessa ordem. Acrônimos são eficientes códigos de memória, visto que são capazes de evocar com precisão uma grande quantidade de conceitos.

## O método de John Place

É possível memorizar grandes textos, palavra por palavra. Na antiguidade, era comum que os textos sagrados fossem memorizados ao pé da letra: não queriam que distorcessem as palavras de seus deuses.

Tenho muitas restrições à aplicação desse tipo de memorização nos estudos. Ainda que seja uma abordagem interessante para atores, pastores, padres ou conferencistas, ela não tem tanta aplicabilidade prática nos estudos. Como é uma técnica que dispensa muito tempo, talvez fosse mais interessante gastar o mesmo tempo criando uma rede de memorização mais rica, utilizando evocação, debates, mapas mentais e diversos outros códigos de memória.

No entanto, ainda assim, imaginei que seria importante citá-la. Uma das técnicas mais utilizadas com esse objetivo são variações do método criado por John Place.

John Place é um bem-sucedido professor universitário, formado em Gerenciamento de Sistemas de Informação pela Universidade do Missouri. Quando estudante, ele se formou com a maior nota de sua sala. Após a faculdade, ele investiu na carreira de programador e arquiteto, obtendo aumento constante de seu salário. Atualmente, é professor universitário e fornece consultoria em motivação em diversas grandes empresas nos EUA.

Na faculdade, ele memorizou sete capítulos (mais de 23 mil palavras) de seu livro-texto de psicologia. Era capaz de realmente recitar os sete capítulos na íntegra. Esse feito ocorreu graças a duas declarações feitas por um professor em sua faculdade:

**a)** Nenhum aluno nunca tirou a nota máxima em minha primeira prova;

**b)** Todas as respostas da prova poderiam ser encontradas nos primeiros sete capítulos do livro-texto.

Determinado a ser o melhor aluno de sua sala, ele simplesmente memorizou os sete capítulos na íntegra. É óbvio que nem todos vocês desejam memorizar mais de 20 mil palavras para uma prova. No entanto, seu método é um bom exemplo de como uma repetição sistematizada aliada ao bom uso da sinestesia podem ser utilizados para se memorizar qualquer coisa.

**1.** Inicialmente, use um lápis ou processador de texto para anotar, em frases completas, qualquer fato que você julga que possa aparecer em sua prova.

**2.** Leve suas anotações para uma sala silenciosa, feche a porta e elimine todas as distrações.

**3.** Leia a primeira frase em voz alta. Em seguida, feche seus olhos e repita a frase sem olhar no papel.

**4.** Repita o passo acima, agora lendo as duas primeiras frases.

**5.** Agora, repita o processo utilizando cada vez uma frase a mais. Repita as frases até que você seja capaz de reproduzi-las sem o uso do papel.

Após essa sessão de memorização, John Place recomenda que seus alunos tirem um pequeno cochilo. Segundo ele, nesse momento, as memórias estão muito vulneráveis e precisam ainda de tempo para se consolidar. Depois do cochilo, o professor recomenda que seus alunos repitam mais uma vez todos os cinco passos anteriores, para obter o máximo de retenção.

John Place tornou-se tão bom em sua técnica que passou a ser capaz de aprender a matéria de qualquer prova (por mais difícil que fosse) em apenas seis horas. Pode parecer muito tempo, mas não é, visto que o professor precisava de no máximo seis horas para se preparar para qualquer prova, ainda que ele não tivesse nem ao menos aberto o livro durante todo o semestre.

Ele finaliza explicando que, no que tange a técnicas de memória, é importante que você descubra alguma estratégia mnemônica que funcione para você, seja ela qual for. Quando se trata de técnicas de memória, não existem boas ou ruins: se funcionar para você, ela é a técnica correta.

Aliás, ele realmente foi o primeiro aluno a conseguir 100% de aproveitamento na prova do professor supracitado.

Place está corretíssimo em sua abordagem. Ainda que eu prefira utilizar algum sistema mnemônico complexo para a memorização de textos a utilizar a força bruta (qualquer processo de memorização que não utiliza palavras-chave ou imagens), sua abordagem realmente funciona, visto que ela não apenas respeita o fenômeno da reminiscência, mas também respeita a sinestesia, intercalando os sentidos visuais e auditivos para a criação de códigos de memória mais eficientes.

## Suas próprias técnicas

Ao longo de nosso curso, vou ensinar as técnicas que têm funcionado para mim e para um grande número de pessoas. No entanto, é importante que, com o passar do tempo, você seja capaz de criar suas próprias estratégias internas de memória. Ainda que minhas técnicas sejam muito poderosas, ao adaptá-las de acordo com suas próprias necessidades, elas se tornarão ainda mais úteis para você.

CAPÍTULO 4

# MEMORIZANDO NÚMEROS

***"Nós não podemos mudar nossas memórias, mas nós podemos mudar o seu sentido e o poder que elas têm sobre nós."***

*David Seamands*

## IMPORTÂNCIA DOS NÚMEROS

Os números fazem parte de nossa vida: números de telefone, do código da operadora de TV a cabo, a senha do banco... No entanto, ao contrário das imagens, os números são intangíveis: entes completamente abstratos e de difícil memorização. Desse modo, para sermos capazes de memorizar números, é importante atribuir-lhes algum significado, tornando-os memoráveis. Posteriormente, para memorizá-los, utilize alguma das estratégias internas de memorização (método do vínculo, jornadas...).

## O SISTEMA PELA FORMA

Esse sistema, ainda que poderoso, é de fácil aprendizado. Ele funciona pela conversão de cada número em uma imagem que tenha forma semelhante a ele. Seguem abaixo algumas sugestões de imagens para os números:

**0** – Rosquinha, anel, bola...

**1** – Lápis, caneta, pincel, vela...

**2** – Cisne, pato...

**3** – Coração, seios, bunda, montanha...

**4** – Cadeira, barco à vela, mesa...

**5** – Gancho, serpente, mulher grávida...

**6** – Ioiô, taco de golfe, cereja...

**7** – Bumerangue...
**8** – Óculos, ampulheta, mulher com corpo de violão...
**9** – Pirulito, raquete de tênis, balão com cordinha...
**10** – O gordo e o magro, bola de boliche e pino...

## O SISTEMA PELA RIMA

Você achará bastante fácil o sistema pela rima, uma vez que o seu princípio é bem semelhante ao visto no sistema pela forma. Agora, em vez de substituirmos os números por imagens que se assemelham à forma deles, iremos usar imagens que foneticamente se assemelham aos números.

Mais uma vez será necessário criar associações coloridas, exageradas e ridículas.

**0** – Prego
**1** – Rum
**2** – Bois
**3** – Chinês
**4** – Prato
**5** – Brinco
**6** – Cesta
**7** – Gilete
**8** – Biscoito
**9** – Revólver
**10** – Jazz

Será preciso que você escolha, novamente, apenas uma imagem para cada número.

## TRANSFORMANDO NÚMEROS EM PALAVRAS

Transformar números em palavras não é uma ideia recente. O sistema foi atribuído a Stanislau Mink Von Wennusshein, que criou, em 1648, um método para se transformar números em consoantes. Desde então, o sistema sofreu alterações, mas a ideia continua sendo a mesma. Darei um som consonantal para cada um dos algarismos: 0, 1, 2, 3, 4, 5, 6, 7, 8 e 9.

O som correspondente ao **0** será sempre **S**, **SS**, **C fraco** (como em *céu*), **Ç**, **Z**, **XC**. Para se lembrar disso, lembre-se de que a palavra *zero* começa com Z.

O som correspondente ao **1** será sempre **T** ou **D**. Para lhe ajudar, lembre-se de que a letra T tem uma haste vertical.

O som correspondente ao **2** será sempre **N** ou **NH**. A letra N possui duas hastes verticais.

O som correspondente ao **3** será sempre **M**. A letra M possui três hastes verticais.

O som correspondente ao **4** será sempre **R**, **RR** ou **H** com som de R (como na palavra inglesa *house*).

O som correspondente ao **5** será sempre **L** ou **LH**. O número cinquenta em romanos é L.

O som correspondente ao **6** será **J**, **G fraco** (como em *gelo*), **X**, **CH** ou **SH**.

O som correspondente ao **7** será sempre **G forte** (como em *galo*), **C forte** (como em *casa*), **K** e **Q**.

O som correspondente ao **8** será **V** ou **F**.

O som correspondente ao **9** será **P** ou **B**. Perceba que o P é um 9 virado.

As vogais são neutras e não geram números. Não importa se para alguns algarismos mais de um som foi indicado: os sons que eles representam são semelhantes. Lembre-se também que o importante são os sons consonantais, e não as letras. Assim sendo, uma mesma letra pode significar números diferentes.

**Exemplos**:

0 = Céu

7 = Cão

No primeiro exemplo, o C tem som de S. Assim, representa 0. No segundo exemplo, o C tem som forte e representa 7.

**Outros exemplos**:
ARRANHA = 42
ARARA = 44
PAPAI = 99
GELO = 65

Praticamente todas as grandes exibições mnemônicas consistem nesse alfabeto fonético. Antes de prosseguirmos, é importante que o alfabeto fonético esteja bem fixado.

## SISTEMA FONÉTICO

Agora que você compreendeu a substituição de números por letras, poderemos fazer o contrário, isto é, criar substitutos para os números com base no alfabeto. Dessa forma, se quiser criar um substituto para o número 1, você deve escolher uma palavra que tenha somente uma consoante, como T ou D. Seguindo o mesmo raciocínio, se quisermos uma palavra que substitua o número 43, teremos de criar uma palavra com dois sons consonantais: R e M, respectivamente.

Assim é fácil perceber que o número 03 é diferente do número 3. Isso porque ao traduzirmos o número 03 para consoantes, teríamos um S e um M, respectivamente. O número 3 converteria-se em uma palavra que contivesse apenas uma consoante: M.

O sistema baseado no alfabeto fonético é o método mais ensinado e praticado em cursos de memória, dada sua facilidade e aplicabilidade. Infelizmente, muitos desses cursos esquecem de enfocar a importância dos locais para suas imagens mentais. Assim, se quiser utilizar o sistema fonético para memorizar cem palavras, é importante que você escolha um local adequado, em que as imagens irão interagir.

A seguir, temos as 100 palavras básicas do alfabeto fonético:

**Alfabeto Fonético – as 100 Palavras Básicas**

**0.** Céu
**1.** Teia
**2.** Anão
**3.** Mãe
**4.** Rei
**5.** Olho
**6.** Jóia
**7.** Cão
**8.** Uva
**9.** Baú
**10.** Taça
**11.** Dado
**12.** Tina
**13.** Timão
**14.** Terra
**15.** Tela
**16.** Tacha
**17.** Taco
**18.** Divã
**19.** Diabo
**20.** Noz
**21.** Índio
**22.** Ninho
**23.** Nome
**24.** Nero
**25.** Anel
**26.** Anjo
**27.** Nuca
**28.** Navio
**29.** Nabo
**30.** Maçã
**31.** Moto
**32.** Moinho
**33.** Mamão
**34.** Mar
**35.** Mola
**36.** Ameixa
**37.** Maca
**38.** Máfia
**39.** Mapa
**40.** Rosa
**41.** Rato
**42.** Rena
**43.** Remo
**44.** Arara
**45.** Rolha
**46.** Rocha
**47.** Arca
**48.** Rifa
**49.** Robô
**50.** Laço
**51.** Mata
**52.** Lona
**53.** Limão
**54.** Louro
**55.** Lula
**56.** Lixa
**57.** Laka
**58.** Luva
**59.** Lupa
**60.** Giz
**61.** Jato
**62.** China
**63.** Gim
**64.** Jarro
**65.** Gelo
**66.** Chuchu
**67.** Jaca
**68.** Chave
**69.** Chapéu
**70.** Gaze
**71.** Gato
**72.** Cana
**73.** Goma
**74.** Gorro
**75.** Galo
**76.** Caixão
**77.** Coco
**78.** Gavião
**79.** Goiaba
**80.** Vaso
**81.** Veado
**82.** Vinho
**83.** Fumo
**84.** Ferro
**85.** Violão
**86.** Faixa
**87.** Faca
**88.** Fofão
**89.** Fubá
**90.** Paz
**91.** Pato
**92.** Piano
**93.** Puma
**94.** Burro
**95.** Bola
**96.** Peixe
**97.** Boca
**98.** Pavão
**99.** Pipa

**Tabela 4.1**

## Exemplo 1

Vamos supor que você queira memorizar o telefone de sua amiga Cynthia, cujo número é: 5556-3967. Converta cada par de dígitos em um objeto do alfabeto fonético. Assim, 55-56-39-67 tornaria-se Lula--Lixa-Mapa-Jaca. Para memorizar o número de telefone, você criaria uma minijornada com quatro locais, em que o primeiro local é o portão da casa da sua amiga e o último o cômodo mais afastado do portão – a cozinha, por exemplo.

- **Referência 1**: Portão.
- **Referência 2**: Sala de visitas.
- **Referência 3**: Sala de jantar.
- **Referência 4**: Cozinha.

Para memorizar o telefone de sua amiga, basta que você crie uma imagem inusitada envolvendo o par de dígitos e o local da jornada. Assim, você criaria uma imagem envolvendo o Lula e o portão da casa de sua amiga, uma outra sobre uma lixa na sala de visitas, uma sobre um gigante mapa na sala de jantar e finalmente uma imagem envolvendo uma grande jaca na cozinha da casa de Cynthia. Para lembrar-se do telefone, bastaria que você percorresse novamente a minijornada, lembrando-se de cada par de dígitos.

## Método do vínculo

É possível que você memorize sequências de números utilizando o método do vínculo. No exemplo anterior, após converter cada par de dígitos em um objeto do nosso alfabeto fonético, basta criar uma pequena história envolvendo todos eles na casa de sua amiga.

## Exemplo 2

Você poderia imaginar que estava na casa de sua amiga quando a campainha tocou. Você foi atender e se deparou com o presidente Lula (55). Ele estava precisando urgentemente de uma lixa (56) de unha emprestada, para poder se preparar para um discurso. Você convidou o presidente para entrar e lhe entregou a lixa. Após lixar cuidadosamente suas unhas, o presidente lembrou que precisava de um mapa (39) de Belo Horizonte emprestado: iria fazer um grande discurso para alguns empresários da FIEMG. Perguntou se havia na casa de sua amiga alguma fruta para ele levar; pois estava morrendo de fome. Escolheu uma jaca (67) e saiu em disparada em direção à saída.

# *Dominic System*

O *Dominic Syste*m foi o método intuitivo que Dominic O'Brien, um dos grandes mnemonistas atuais, utilizou para transformar números em letras.

Ele funciona de maneira similar ao alfabeto fonético, que há séculos já vinha sendo utilizado em todo mundo. Só que ao contrário do alfabeto fonético, o *Dominic System* não pretende incorporar todas os sons de nosso alfabeto. O sistema conta com apenas dez letras, referentes aos números 0, 1, 2, 3, 4, 5, 6, 7, 8 e 9. Escolha uma letra para cada um dos dígitos, para torná-los um pouco menos desinteressantes.

| **O alfabeto** | | |
|---|---|---|
| 0 = O | 4 = D | 7 = G |
| 1 = A | 5 = E | 8 = H |
| 2 = B | 6 = S | 9 = N |
| 3 = C | | |

**Tabela 4.2**

Vou explicar como Dominic escolheu todas essas letras. Zero realmente parece a letra O. A primeira, segunda, terceira, quarta e quinta letras do alfabeto são A, B, C, D, E. Por que Dominic não escolheu o F para representar o número 6? Foi uma preferência pessoal: de acordo com ele, o seis tem um som de S muito forte. Caso você tenha problemas com isso, substitua o S por F.

A sétima e oitava letras do alfabeto são G e H. Apesar da nona letra ser I, ele escolheu o N. O motivo foi semelhante ao utilizado para justificar a escolha do S: o nove teria um som de N muito forte. Memorize o alfabeto e não continue enquanto não souber bem o correspondente para cada dígito.

## Trabalhando com iniciais

Agora você já é capaz de converter qualquer número de dois dígitos em uma inicial. Pegue o 33, por exemplo, que será convertido em CC (3 = C; 3 = C). Deixe que a inicial CC lhe remeta a algum nome. Charlie Chaplin? Cassius Clay? Fique com a primeira ideia que vier à sua mente.

Pegue o número 42, por exemplo, que será convertido em DB (4 = D; 2 = B). Mais uma vez fique com a primeira ideia que lhe vier à tona: Drew Barrymore, a garota do ET? David Bowie, o grande astro do rock?

Usar personagens em vez de objetos (como na lista fonética básica) tem uma vantagem, visto que pessoas geralmente estão em movimento: o principal ingrediente para a criação de imagens mentais.

Crie agora sua lista. É importante que você entenda que dificilmente encontrará personagens para todas as iniciais. Algumas escolhas terão de ser totalmente arbitrárias, mas isso não importa. As exceções tornam-se mais memoráveis justamente por serem exceções.

## Aplicando o sistema

O sistema será aplicado da mesma forma que o fonético. Poderemos utilizar jornadas ou o método da história. Independentemente da escolha que você faça, certifique-se de que suas imagens tenham bastante realismo.

# Método Dell'Isola

Tenho uma abordagem semelhante à de Dominic: também transformo cada número de dois dígitos em um personagem. A diferença é que utilizo o alfabeto fonético para escolher meu elenco.

## Escolhendo o elenco

Você agora transformará cada número de dois dígitos em um personagem, baseando-se no alfabeto fonético. Pense no número 36, por exemplo. Ele será transformado na sigla MJ (3 = M; J = 6). Pense em um personagem com essa sigla. MJ pode sugerir Michael Jackson, Michael Jordan, Marjorie ou qualquer outro personagem que venha a sua cabeça. Como você deve ter percebido, suprimi as vogais do meu sistema. Isso não quer dizer que não posso escolher personagens com nomes ou sobrenomes iniciados por vogais. Apenas ignoro as vogais e penso nas consoantes imediatamente posteriores. Assim, 90 (BS ou PS) transforma-se em Bob Esponja e 24 (NR) em Neil Armstrong.

É importante que o sistema seja uma ferramenta, não uma prisão. Muitas vezes os números já estão carregados com um forte significado e já nos remetem a um personagem. Assim, o número 13 para mim é Jason (personagem do filme *Sexta-Feira 13*). Alguns personagens de meu elenco não têm sobrenome, como Didi ou Snoopy. Nesses casos, a escolha foi feita baseada nas duas primeiras consoantes do nome. É importante que você misture celebridades com pessoas de seu convívio pessoal. Inclua em seu elenco seus familiares, amigos, inimigos e bichinhos de estimação.

# Ações

A cada personagem deve ser atribuída uma ação única e específica, que deve envolver, por sua vez, um objeto. Dessa forma, ao lembrar do número 00 (SS), lembro-me de Steven Spielberg, a quem designo a ação de operar uma claquete de cinema. Caso a ação seja tocar guitarra, o objeto envolvido é guitarra. Para a ação lecionar, o quadro negro e o giz são os objetos envolvidos.

Certas ações, como sorrir ou piscar, devem ser evitadas, visto que não envolvem objetos, tornando a lembrança mais difícil. Personagens que não evoquem uma ação particular devem ser descartados. A importância das ações será vista mais tarde, quando formos memorizar números muito longos.

O método torna-se mais eficiente com imagens bem versáteis, tendo em vista que mais tarde iremos combinar os diversos personagens e suas ações. Assim, poderemos imaginar Steven Spielberg pilotando um avião, Jason jogando fliperama ou até mesmo o Bob Esponja pescando.

## Quando começar?

Comece agora a escolher seus personagens para os números de 00 a 99. Recomendo que seja um trabalho contínuo: tentar escolher muitos personagens em um dia pode ser desestimulante. Faça, por exemplo, de 10 a 15 escolhas por dia. Cuidado para que não haja repetição de profissões. Assim, caso você tenha escolhido Michael Jordan, o ex-jogador brasileiro de basquete Oscar deve ficar de fora, pois estes vão implicar ações semelhantes.

Dominar o alfabeto fonético é o primeiro passo antes de começar a escolher os personagens. O motivo é simples: se você esquecer de algum personagem, bastará uma retomada ao alfabeto fonético, e se lembrará das iniciais desse personagem.

Se você ainda não conseguir pensar em alguém usando os números como iniciais, dê uma olhada na lista a seguir. Recorra a ela somente em último caso, afinal suas associações pessoais são mais importantes e eficazes.

| Número | Iniciais | Pessoa | Ação |
|---|---|---|---|
| 00 | SS | Steven Spielberg | Fechando claquete |
| 01 | SD | Santos Dumont | Pilotando o 14 Bis |
| 02 | SN | Snoopy | Dormindo no telhado |
| 03 | SM | Senhor Miagui | Pegando moscas com pauzinhos |
| 04 | SR | Saddan Hussein | Ateando fogo a um barril de petróleo |
| 05 | SL | Suzana Alves | Pegando um táxi |
| 06 | SJ | São João | Acendendo fogos de artifício |
| 07 | ZC | Zé do Caixão | Fazendo enterro |
| 08 | SF | Solange Frazão | Levantando halteres |
| 09 | SB | Sandra Bullock | Dirigindo um ônibus |
| 10 | DS | Daniela Cicarelli | Beijando um sapo |
| 11 | DD | Didi | Usando roupa de pirata |
| 12 | TN | Tartarugas Ninja | Comendo pizza |
| 13 | *** | Jason | Jogando hóquei |
| 14 | TR | Tony Ramos | Pescando |
| 15 | DL | Dalai Lama | Andando de lhama |
| 16 | TJ | Tom Jobim | Tocando piano |
| 17 | TC | Tom Cruise | Pilotando jato |
| 18 | DV | Darth Vader | Usando sabre de luz |
| 19 | TP | Tio Patinhas | Mergulhando em dinheiro |
| 20 | NS | Nívea Stellman | Casando-se |
| 21 | ND | Neil Diamond | Cantando |
| 22 | NN | Norton Nascimento | Rezando um terço |
| 23 | NM | Nelson Mandela | Preso em uma cadeia |

| | | | |
|---|---|---|---|
| 24 | NR | Neil Armstrong | Voando em traje espacial |
| 25 | NL | Ney Latorraca | Transformando-se em vampiro |
| 26 | NX | Nigel Short | Jogando xadrez |
| 27 | NG | Nana Gouvêa | No carro alegórico |
| 28 | NV | Natália do Valle | Abrindo garrafa de champanha |
| 29 | NP | Nelson Piquet | Pilotando carro de corrida |
| 30 | MS | Maurício de Souza | Desenhando em uma prancheta |
| 31 | MT | Mike Tyson | Treinando em saco de areia |
| 32 | MN | Mulher Invisível | Ficando invisível |
| 33 | MM | Marvin Marciano | Disparando uma pistola laser |
| 34 | MR | Meg Ryan | Passando e-mail usando um PC |
| 35 | ML | Mel Lisboa | Comendo mel |
| 36 | MJ | Michael Jordan | Fazendo uma cesta |
| 37 | MG | Michael Gorbatchev | Destruindo um muro |
| 38 | MF | Mário Frias | Fritando batata |
| 39 | MB | Marlon Brando | Colocando um chapéu de mafioso |
| 40 | RS | Ringo Starr | Tocando bateria |
| 41 | RD | Regina Duarte | Usando colar de brilhantes e pulseiras de ouro |
| 42 | RN | Ronaldo Nazário | Chutando uma bola |
| 43 | RM | He-man | Levantando espada e gritando: "pelos poderes..." |
| 44 | RR | Renato Russo | Fumando cigarro |
| 45 | RL | Rita Lee | Lançando perfume |
| 46 | RJ | Raul Julia | Dançando tango |
| 47 | RC | Ray Conniff | Tocando trumpete |
| 48 | RF | Harrison Ford | Usando chicote |
| 49 | RP | Harry Potter | Lançando feitiço com a varinha |
| 50 | LS | Lisa Simpson | Tocando saxofone |

| | | | |
|---|---|---|---|
| 51 | LT | Liv Tyler | Lavando Carro |
| 52 | LN | Eliana | Brincando com crianças |
| 53 | LM | Linda McCartney | Comendo salada |
| 54 | LR | Luciano Huck | Pilotando jet-ski |
| 55 | LL | Lula | Bebendo pinga |
| 56 | LJ | Luciana Gimenez | Esperando um bebê |
| 57 | LG | Lars Grael | Pilotando veleiro |
| 58 | LV | Lanterna Verde | Lançando raios do seu anel |
| 59 | LP | Luana Piovani | Vestida de Pequeno Príncipe |
| 60 | XS | Sharon Stone | Jogando em um Cassino |
| 61 | JT | John Travolta | Dançando com calça boca de sino |
| 62 | JN | Jimmy Nêutron | Dentro de uma bolha enorme |
| 63 | XM | Sheila Melo | Dançando com bambolê |
| 64 | XR | Sherlock Holmes | Investigando com uma lupa |
| 65 | JL | John Lennon | Tocando uma guitarra |
| 66 | XX | Charlie Chaplin | Girando bengala |
| 67 | XC | George Clooney | Usando roupas de médico |
| 68 | JV | Getúlio Vargas | Escrevendo uma carta com uma pena e tinta |
| 69 | JP | João Paulo II | Abençoando com água benta |
| 70 | CZ | Catherine Zeta Jones | Usando a máscara do Zorro |
| 71 | CD | Carolina Dieckman | Raspando o cabelo |
| 72 | CN | Carlos Nascimento | Lendo jornal |
| 73 | CM | Karl Max | Segurando uma foice |
| 74 | CR | Christopher Reeve | Voando com a capa do Super-Homem |
| 75 | CL | Christopher Lambert | Soltando raios pelos olhos |
| 76 | CJ | Carlinhos de Jesus | Tocando pandeiro e sambando |
| 77 | GC | Gustavo Kuerten | Rebatendo bola de tênis com raquete |
| 78 | CF | Carolina Ferraz | Fazendo cooper com roupa esportiva |

| | | | |
|---|---|---|---|
| 79 | CP | Cléo Pires | Penteando o cabelo |
| 80 | VS | Visconde Sabugosa | Plantando milho |
| 81 | VD | Van Damme | Quebrando tijolos com golpe de caratê |
| 82 | FN | Friedrich Nietzsche | Lendo um livro |
| 83 | FM | Fox Moulder | Comunicando-se com ETs |
| 84 | FR | Fernanda Rodrigues | Andando de skate |
| 85 | VL | Villa Lobos | Regendo orquestra |
| 86 | FX | Fernando Scherer | Nadando com pé de pato e máscara |
| 87 | FC | Fidel Castro | Fumando charuto cubano |
| 88 | FF | Fred Flintstone | Acertando o chão com uma clava |
| 89 | FB | Fátima Bernardes | Comendo brigadeiros |
| 90 | BS | Bob Esponja | Fritando hambúgueres |
| 91 | PD | Pato Donald | Escorregando na casca de banana |
| 92 | PN | Papai Noel | Voando em um trenó puxado por renas |
| 93 | PM | Paul McCartney | Colocando uma carta no correio (lembra-se da piada?) |
| 94 | PR | Power Rangers | Lutando contra o Godzilla |
| 95 | BL | Bin Laden | Acendendo uma dinamite |
| 96 | PX | Príncipe Charles | Colocando uma coroa |
| 97 | BC | Bill Clinton | Acenando com a bandeira americana |
| 98 | BV | Bono Vox | Doando dinheiro |
| 99 | PP | Peter Pan | Passando pó de pirlimpimpim |

**Tabela 4.3**

## Utilizando o sistema

Uma vez memorizados todos os personagens, a parte mais difícil do trabalho já terá sido concluída, e você já terá todas as ferramentas necessárias para memorizar telefones, CPF, cartões de crédito ou quaisquer outros números que queira.

# Memorizando números de dois dígitos

Vamos supor que você queira memorizar o número da página em que interrompeu a leitura de um livro. Imagine que parou a leitura na página 18. Fazendo a conversão, 18 transforma-se em DV, Darth Vader, o brilhante vilão de Guerra nas Estrelas. Agora é hora de escolhermos um local: escolheria o local onde você costuma ler seus livros. Caso o local escolhido seja seu quarto, bastará que você imagine Darth Vader em seu quarto, destruindo seu livro com o sabre de luz vermelha.

O sistema tem muitas utilizações. Imagine que você queira memorizar o número da casa de uma amiga: 90. Convertendo o número em um personagem, 90 transforma-se em BS, Bob Esponja. Imagine nossa simpática esponja fritando hambúrgueres na casa da sua amiga. Conforme dito anteriormente, a escolha do local é importante. Imagens mentais projetadas no vazio, mesmo que bem planejadas, tendem a ser esquecidas. É importante que o personagem envolvido esteja fazendo sua ação predeterminada. Isso torna a imagem mais memorável.

# Memorizando números de três dígitos

Você já é capaz de memorizar números com três dígitos. Tudo o que precisa fazer é dividir o número em duas partes: uma com dois dígitos e outra com apenas um. Assim, o número 195 se transformaria em 19 e 5. Transforme o par de dígitos em uma pessoa: Tio Patinhas (1 = T; 9 = P) e transforme o dígito restante utilizando o sistema pela forma ou pela rima. Então, o número 5 se tornaria gancho (pela forma) ou brinco (pela rima). Agora, bastará que você escolha uma localização adequada e interaja Tio Patinhas e seu mergulho em moedas e um brinco. É claro que se você tiver escolhido utilizar o sistema pela forma, Tio Patinhas estaria mergulhando em seu rico dinheirinho utilizando um enorme gancho.

Antes de me tornar homem-memória, eu tinha grande dificuldade em lembrar do número do apartamento de amigos e colegas. Não foram raras as vezes em que tive de tocar o interfone em vários apartamentos até encontrar o correto. Suponha que sua amiga more no apartamento 102. Divida 102 em 10 e 2. Fazendo a conversão, 10 se transforma em Daniela Cicarelli (1 = D; 0 = C fraco). Converta o dígito restante em bois (pela rima) ou cisne (pela forma). Assim, imagine a Daniella Cicarelli penteando seu cabelo utilizando um cisne ou bois na frente do prédio em que sua amiga mora. Não se preocupe se sua cena ficar muito irreal. A memória definitivamente adora cenas inusitadas.

# Memorizando números longos

Como visto anteriormente, o primeiro passo para memorizarmos números longos é dividi-lo em números de dois dígitos. Imagine que você queira memorizar o número 9795. Comece dividindo-o em 97 e 95. Fazendo a conversão, 97 se torna Bill Clinton (9 = B; 7 = C forte) e 95 se torna Bin Laden (9 = B; 5 = L). Nesse momento, não é necessário que você imagine os dois personagens. Crie apenas uma cena onde os dois primeiros dígitos lhe remetem ao personagem; e os dois últimos dígitos lhe remetem à ação.

| | | |
|---|---|---|
| 97 | Bill Clinton | Acenando com a bandeira americana |
| 95 | Bin Laden | Acendendo o pavio de dinamite |

**Tabela 4.4**

Assim, para memorizar o número 97-95, bastará que você imagine Bill Clinton acendendo o pavio de uma dinamite. Bin Laden não aparecerá na sua cena: você está apenas interessado em sua ação, que é acender a dinamite. Caso o número fosse 9597, você imaginaria Bin Laden acenando com uma bandeira americana (essa seria realmente uma cena inusitada).

## Criando imagens complexas

Como você deve ter percebido, a utilização de pessoas conhecidas, em cenários os mais bizarros possíveis, facilita a criação de imagens mentais o mais econômicas possível. Assim, economizamos locais em nossas jornadas e tornamos o processo de memorização ainda mais rápido. Se você precisar lembrar de um número de seis dígitos, 189069, por exemplo, divida-o em 18 – 90 – 69 e visualize Darth Vader (pessoa para o número 18) fritando hambúrgueres (ação para o número 90) para o papa João Paulo II.

Talvez você incorpore oito dígitos em apenas uma cena. O processo é apenas uma extensão do que foi visto anteriormente, mas você criará uma imagem que envolva pessoa – ação – pessoa – ação. A fim de se exemplificar essa situação hipotética, supomos que o número a ser memorizado seja 18906995. Ao dividir o número em pedaços de dois dígitos, obtemos:

18 – 90 – 69 – 95

Então, imagine Darth Vader (pessoa para o número 18) fritando hambúrgueres (ação para o número 90) para João Paulo II, que está acendendo um pavio de uma dinamite.

## Memorizando números que possuam quantidade ímpar de dígitos

Assim como foi feito para números com três dígitos, basta que você utilize o sistema pela forma ou pela rima para a criação da imagem do dígito restante.

Vamos criar uma imagem para memorizarmos o número 18907. Dividindo o número em pedaços menores, obtemos: 18 – 90 – 7.

Ao criarmos a imagem, podemos imaginar Darth Vader fritando um bumerangue (sistema pela forma) ou uma gilete (sistema pela rima).

# Pi

**O que é Pi ($\pi$)?**

1. 16ª letra do alfabeto grego, correspondente ao nosso P.
2. Na matemática, o número representado pela letra em questão expressa a razão da circunferência de um círculo perfeito pelo seu diâmetro.

Pi é um número irracional, ou seja, não pode ser expresso na forma de fração (ao contrário do número 0,333... que é equivalente a 1/3). Dessa forma, memorizar o Pi é mais um excelente exercício para memória.

A caçada pelo Pi começou no Egito e na Babilônia há cerca de dois mil anos antes de Cristo. Os egípcios obtiveram o valor de $\left(\frac{4}{3}\right)^4$, e os babilônios o valor de $3\frac{1}{8}$ para Pi. Praticamente ao mesmo tempo, os indianos usaram a raiz de 10 para Pi. Essas aproximações tiveram erros somente a partir da segunda casa decimal.

$$\left(\frac{4}{3}\right)^4 = 3{,}160493827...$$

$$3\frac{1}{8} = 3{,}125$$

$$\sqrt{10} = 3{,}16227766...$$

Pi = 3,1415926535...

Levou muito tempo para provarem que a busca por um valor exato para Pi era em vão, visto que ele é irracional. Isso só aconteceu em 1761 por Lambert. Em 1882, Lindemann provou que o Pi é mais do que irracional – é também transcendental, isto é, não é a solução de qualquer equação polinomial com coeficientes integrais, o que acarreta algumas consequências. Não é possível desenhar um círculo perfeito. Esse problema foi criado pelos gregos há dois mil anos e pode descansar com a descoberta de Lindemann. Também não é possível representar Pi por uma expressão.

Desde então, o interesse no valor do Pi tem focado na descoberta do máximo de suas casas decimais e na busca por expressões que possam encontrar Pi com a maior aproximação possível. O matemático indiano Ramanujan descobriu as seguintes sentenças:

$$1+\left(\frac{\sqrt{3}}{5}\right)\left(\frac{7}{3}\right)=3.14162371...$$

$$81+\sqrt[4]{\left(\frac{19^2}{22}\right)}=3.141592653...$$

$$63\left(\frac{17+15\sqrt{5}}{25}\right)(7+15)=3.141592654...$$

Atualmente Pi é conhecido em 6,4 bilhões de casa decimais, mas não me arriscaria a escrevê-las.

# Memorizando Pi

**Alexander Craig Aitken Jr.**

O primeiro a se interessar em memorizar o Pi foi Alexander Craig Aitken Jr. (1895 – 1967), um grande matemático. Ele recitou Pi com 707 casas decimais nos anos 1920. Infelizmente, apenas 527 dígitos foram calculados corretamente naquela época. Mais tarde, ele memorizou os primeiros mil dígitos corretamente.

# Hiroyuki Goto

Nascido em Tóquio, Hiroyuki Goto (1973) recitou as primeiras 42.195 casas decimais de Pi no NHK Broadcasting Centre, em Tóquio, em 18 de fevereiro de 1995. Esse recorde permaneceu por dez anos inalterado, até que, em 2005, Ben Pridmore, primeiro do ranking mundial, decide: "Irei memorizar as primeiras 50 mil casas decimais de Pi."

## Ben Pridmore

Animado com a ideia de bater o recorde mundial de Pi, Ben deixa de se preparar para o campeonato mundial de memorização de 2005. Em poucos meses, ele consegue memorizar as primeiras 50 mil casas decimais de Pi e sente-se próximo a entrar mais uma vez no livro dos recordes.

## Akira Haraguchi

Infelizmente, poucas semanas antes da apresentação de Ben Pridmore, surge a notícia: um japonês de 59 anos, Akira Haraguchi, recitou as primeiras 83.431 casas decimais de Pi nos dias 1 e 2 de julho de 2005. Seria cômico, se não fosse trágico. Nas próprias palavras de Ben: "Preciso aprender que não se pode ser o melhor do mundo sempre."

## Memorizando as cem primeiras casas decimais

Aqui estão as cem primeiras casas decimais do Pi:

3,14159265358979323846264338327950288419716939937510582097494459230781640628620899862803482534211706 79

À primeira vista, memorizá-los pode parecer um feito impossível. Apesar disso, utilizando-se do método visto anteriormente, tudo fica bem mais fácil. Escolha uma jornada com 25 pontos de referência. Apesar de estarmos lidando com um número de cem dígitos, apenas memorizaremos 25 imagens complexas, cada uma em um ponto de referência diferente. Conforme visto anteriormente, divida os cem dígitos em pares, traduzindo cada par em um personagem ou em uma ação. Cada quatro dígitos formarão uma imagem. É possível que você associe os números de seis em seis ou de oito em oito, mas as imagens podem ficar um pouco menos estáveis nos olhos da mente.

**Referência 1:**

Imagine um filme que inicia no primeiro ponto de referência de sua jornada. O primeiro passo é escolher o elenco. Os primeiros decimais de Pi são 1415. Divida-os em 14 – 15. Fazendo a conversão adequada, 14 se transforma no ator Tony Ramos (14 = TR ou DR) e a ação de 15 é cavalgar em uma lhama (15 = TL ou DL = Dalai Lama, cuja ação é cavalgar em uma lhama). Assim, a imagem formada será a de Tony Ramos cavalgando uma lhama. É importante que Tony Ramos e a lhama interajam com o ambiente. Caso o seu primeiro ponto de referência seja o escritório em que trabalha, é interessante que você imagine Tony Ramos e a lhama invadindo violentamente o seu escritório, quebrando tudo o que há em volta. Se sua primeira referência for o Mineirão (estádio de futebol de Belo Horizonte), nada mais memorável do que a imagem de Tony Ramos e sua lhama invadindo o estádio e – por que não? –, fazendo um gol. Faz-se necessário que você incorpore à sua imagem o máximo de elementos descritos no primeiro capítulo.

**Referência 2:**

Você está em seu segundo ponto de referência. Os próximos quatro dígitos a serem memorizados são 9265. Utilizando o sistema visto anteriormente, 92 se transforma no Papai Noel (92 = PN ou BN) e 65 se transforma na ação de ler um livro (65 = XL ou JL = John Lennon, cuja ação é ler um livro). Crie uma imagem em que Papai Noel esteja lendo um livro. Muitas vezes, crio motivos para as imagens estarem em seus pontos de referência. Por exemplo, se seu segundo ponto de referência for uma loja de roupas penso: Papai Noel está lendo um livro na loja de roupas para esperar as compras da Mamãe Noel. É importante que a imagem esteja bem viva na sua mente, independentemente do ponto de referência que você tenha escolhido.

**Referência 3:**

Chegando ao terceiro ponto de referência, é preciso escolher o elenco para os próximos quatro dígitos a serem memorizados: 3589. Fazendo mais uma vez a conversão dos dígitos: 35 se transforma na lindíssima Mel Lisboa (35 = ML) e 89 corresponde à ação de comer brigadeiros (89

= Fátima Bernardes, cuja ação é comer os famosos brigadeiros que William Bonner faz). Imagine uma cena em que Mel Lisboa esteja comendo brigadeiros em seu terceiro ponto de referência.

**Referência 4:**

Os próximos dígitos a serem memorizados são 7932. Fazendo a decodificação, 79 torna-se a atriz Cléo Pires (79 = CP) e 32 se converte na ação de se tornar invisível. Localize-se em seu quarto ponto de referência e imagine Cléo Pires ficando invisível. Mais uma vez, é importante que haja interação entre a imagem e o ambiente. Supondo que seu ponto de referência é uma padaria, você poderia pensar algo do tipo: "Ela ficou invisível para não pagar a conta", e assim por diante.

## Continuando

O resto é com você. Continue com a conversão dos próximos dígitos, e em poucos minutos terá memorizado todos os primeiros cem dígitos de Pi. Quem sabe você não será o próximo a entrar para o livro dos recordes? Como incentivo a essa sua nova empreitada, disponibilizamos abaixo as primeiras 1.735 casas decimais de Pi. Boa sorte!

## As primeiras 1.735 casas decimais de Pi

1415926535897932384626433832795028841971693993751058209
7494459230781640628620899862803482534211706798214808651 32
8230664709384460955058223172535940812848111745028410270193
852110555964462294895493038196442881097566593344612847564
823378678316527120190914564856692346034861045432664821339 3
6072602491412737245870066063155881748815209209628292540917
1536436789259036001133053054882046652138414695194151160943
3057270365759591953092186117381932611793105118548074462379 9
6274956735188575272489122793818301194912983367336244065664
3086021394946395224737190702179860943702770539217176293176
752384674818467669405132000568127145263560827785771342757

7896091736371787214684409012249534301465495853710507922796892589235420199561121290219608640344181598136297747713099
6051870721134999999837297804995105973173281609631859502445
9455346908302642522308253344685035261931188171010003137838
7528865875332083814206171776691473035982534904287554687311
5956286388235378759375195778185778053217122680661300192787
6611195909216420198938095257201065485863278865936153381827
9682303019520353018529689957736225994138912497217752834791
3151557485724245415069595082953311686172785588907509838175463746493931925506040092770167113900984882401285836160356370766010471018194295559619894676783744944825537977472684710
4047534646208046684259069491293313677028989152104752162056966024058038150193511253382430035587640247496473263914199
2726042699227967823547816360093417216412199245863150302861
8297455570674983850549458858692699569092721079750930295532
1165344987202755960236480665499198818347977535663698074265425277862551818417574672890977772793800081647060016145249
1921732173217214772350141441973568548161361157352552133475741849468438523323907394143334547762416862518983569485562099

## Memorizando anagramas sem sentido

Já resolvemos o nosso problema relacionado à memorização de números. Bastou dar-lhes algum sentido, e tudo tornou-se bem fácil. Vamos supor que você precise memorizar as duas sequências de letras abaixo:

HQADRAT

CÉREBRO

Sem dúvida alguma, você achou muito mais fácil memorizar a palavra CÉREBRO do que o anagrama HQADRAT. Isso se deve pelo fato de que as letras só deixam de ser intangíveis quando formam palavras.

Memorizar anagramas intangíveis pode ser muito útil ao tentarmos memorizar placas de carros, fórmulas matemáticas ou em senhas que misturam letras e números. A melhor forma para adquirirmos a habilidade de memorizarmos anagramas é criar uma imagem para substituir cada letra do alfabeto. Gosto de enfatizar que a escolha das imagens é algo totalmente pessoal. As imagens e os temas a seguir são meros exemplos de como o sistema funciona.

| **Tema: Carros** | | | |
|---|---|---|---|
| A | Astra | N | Niva |
| B | Brasília | O | Omega |
| C | Chevete | P | Palio |
| D | D 20 | Q | Quantum |
| E | Escort | R | Rolls Royce |
| F | Focus | S | Siena |
| G | Gol | T | Tempra |
| H | Hyundai | U | Uno |
| I | Idea | V | Vectra |
| J | Jeep | X | Xsara |
| L | Logus | Z | Zafira |
| M | Monza | | |

**Tabela 4.5**

| **Tema: Intérpretes e bandas** | | | |
|---|---|---|---|
| A | Ana Carolina | N | Ney Matogrosso |
| B | Britney Spears | O | Orlando Silva |
| C | Caetano Veloso | P | Prince |
| D | Daniela Mercury | Q | Queen |
| E | Elvis Presley | R | Roberto Carlos |
| F | Fagner | S | Sandy |
| G | Gilberto Gil | T | Tim Maia |
| H | Herbert Vianna | U | U2 |
| I | Ivete Sangalo | V | Van Halen |
| J | John Lennon | X | Xuxa |
| L | Lulu Santos | Z | Zeca Pagodinho |
| M | Madonna | | |

**Tabela 4.6**

O desenvolvimento do tema cabe a você, com suas próprias palavras-chave. Vamos supor que você queira memorizar sua contrassenha do banco que é LZO. Se você escolheu como tema carros, bastará usar o vínculo para as seguintes palavras:

Banco - Logus - Zafira - Omega

Você talvez esteja se perguntando o porquê de banco ter sido incluído na lista. Isso se deve ao fato de o primeiro termo ser aquele mais importante do vínculo. Como cada vez que você quiser se lembrar da senha se lembrará de banco, garantiremos então que a lista não se perderá.

| **Tema:** | |
|---|---|
| A | N |
| B | O |
| C | P |
| D | Q |
| E | R |
| F | S |
| G | T |
| H | U |
| I | V |
| J | X |
| L | Z |
| M | |

**Tabela 4.7**

# Pratique sempre

Neste capítulo, expliquei com bastantes detalhes como o método funciona. Apesar de parecer complicado à primeira vista, o sistema torna-se automático com o passar do tempo. Atualmente eu o faço mecanicamente e garanto: nada melhor do que não precisar anotar números de telefones ou anagramas.

CAPÍTULO 5

# MEMORIZANDO BINÁRIOS

*"Existem 10 tipos de pessoas no mundo: as que entendem binário e as que não entendem."*
*Anônimo*

## Binários

Consiste no sistema de numeração mais utilizado em processamento de dados digitais, pois se utiliza apenas dos algarismos 0 (zero) e 1 (um), sendo, portanto, mais fácil de ser representado por circuitos eletrônicos, em grandezas que oscilam apenas entre dois estados: carregado/descarregado, ligado/desligado, aberto/fechado, magnetizado/desmagnetizado, e assim por diante. Um desses estados representa o "um", o outro representa o "zero". É assim que os bits fluem nos circuitos de nossos microcomputadores.

Admito não encontrar boas razões práticas para ensinar a memorizar binários. Entretanto, esse aglomerado de zeros e uns é um excelente exercício para a memória.

## Conversão em decimais

Para memorizar binários, deveremos primeiramente convertê-los para dígitos da base decimal. O motivo? Sem a conversão, teríamos apenas imagens em que aparecessem o número 1 e o número 0.

Dado um número N, binário, para expressá-lo em decimal, deve-se escrever cada número que o compõe (bit), multiplicado pela base do sistema (base = 2), elevado à posição que ocupa.

**Exemplo**:

101 (binário)

$1 \times \mathbf{2^2} + 0 \times \mathbf{2^1} + 1 \times \mathbf{2^0} = 5$

Portanto, 101 é 5 em decimal.

Com o objetivo de memorizarmos binários, converteremos cada três dígitos em binário para um número decimal, para, posteriormente, aplicarmos o método de memorização de números visto anteriormente.

| Binário | Decimal |
|---|---|
| 000 | 0 |
| 001 | 1 |
| 010 | 2 |
| 011 | 3 |
| 100 | 4 |
| 101 | 5 |
| 110 | 6 |
| 111 | 7 |

**Tabela 5.1**

Sabendo essa tabela, é possível representar cada três dígitos em binários em apenas um número decimal. Consequentemente, cada seis dígitos em binário podem ser representados por um decimal de dois dígitos.

**Exemplo 1:**

100 (binário) = 4 (decimal)

110 (binário) = 6 (decimal)

Assim, 100110 = 46

Definitivamente é mais fácil memorizar o número 46 do que memorizar o número 100110. Usando o método visto no **Capítulo 4. Memorizando números**, 46 = RJ = Raul Julia, (4 = R; 6 = J).

**Exemplo 2:**

011 (binário) = 3 (decimal)

101 (binário) = 5 (decimal)

Assim, 011101 = 35

Repetindo a mesma operação vista anteriormente, 35 = ML = Mel Lisboa, (3 = M; 5 = L).

## Criando imagens complexas

Acabamos de aprender que é possível converter binários em decimais. Depois de feita essa conversão, é possível converter um número binário de oito dígitos ou até mesmo 12 dígitos em apenas uma imagem complexa. Nos exemplos anteriores, vimos que 100110 = 46 e 011101 = 35. Dessa forma, 100110011101 = 4635.

Logo, se quisermos memorizar o número 100110011101, basta que criemos a imagem complexa do número 4635: Raul Julia comendo mel (46 = Raul Julia e 35 = Mel Lisboa, cuja ação é comer mel).

**Exemplo 3:**

Se quiser memorizar o número 000001111100, primeiro divida-o em grupos de três dígitos.

000 – 001 – 111 – 100

Em seguida, faça a conversão de cada grupo de três dígitos em um decimal e a posterior conversão:

000 (binário) = 0 (decimal)

001 (binário) = 2 (decimal)

111 (binário) = 7 (decimal)

100 (binário) = 4 (decimal)

A parte mais difícil já passou! Agora é só imaginar Snoopy (02) em seu ponto de referência voando com a capa do Super-Homem (ação referente ao número 74).

## Treine, treine...

Apenas o tempo é capaz de trazer a perfeição. Enquanto ela não chega, vá treinando bastante até que não perca muito tempo decodificando os binários em decimais.

Boa sorte!

CAPÍTULO 6

# MEMÓRIA E JOGOS

## QUER APOSTAR?

Há uns meses, conheci um grande empresário em São Paulo que tinha um passatempo interessante: apostar com amigos. Ele adquiriu um jogo para computador de perguntas evangélicas, chamado Bíblia Show, com o fito de testar o conhecimento de seus amigos, dentre alguns pastores famosos e com grande conhecimento teológico inclusive. O jogo tem mil perguntas divididas em quatro fases. As três primeiras fases têm seis perguntas, e a última fase não tem fim. O empresário oferecia a seus amigos e conhecidos R$ 1.000,00 a cada pergunta respondida corretamente na quarta fase. Ao saber do homem-memória, duvidou e me convidou para participar dessa brincadeira. Disse ser impossível acertar todas e fez a oferta: R$ 982 mil pelo show das perguntas respondidas. Animado, memorizei rapidamente as mil perguntas. Infelizmente o empresário ainda não achou tempo em sua agenda para cumprir a aposta. A compra do meu Audi TT terá de ser adiada mais uma vez.

## MASTER, TERCEIRA EDIÇÃO

O Master é um jogo de tabuleiro composto de 5.400 perguntas, divididas em nove temas: artes, ciências, cotidiano, entretenimento, esporte, História, Geografia, história natural e variedades. O jogador que responder corretamente dez perguntas vence o jogo. Antes de ter uma memória treinada, eu sempre sentia dificuldade em responder as questões sobre artes. Ter memorizado mil perguntas evangélicas me motivou a mais uma tarefa inusitada: memorizar as 5.400 respostas do jogo.

Admito que poucas pessoas se sentiriam motivadas a memorizar milhares de perguntas e respostas de um jogo de variedades, mas é realmente um excelente exercício para a imaginação. Além disso, para aqueles que frequentemente jogam o Master em reuniões de família ou confrontos de casais, é a chance que têm de nunca mais saírem derrotados.

A tarefa não é tão difícil quanto parece. Treinando duas horas por dia, memorizando em média duas perguntas por minuto, em menos de um mês eu já havia memorizado todas as 5.400 questões.

## O MÉTODO

O método de memorização dessas perguntas é bem similar ao utilizado para nomes e rostos de pessoas. Ele é dividido em três etapas:

**1.** Leia a pergunta e veja qual o primeiro local que vem a sua mente. É um exercício similar ao julgamento utilizado no capítulo de nomes e rostos. Não questione o primeiro local escolhido. Por mais absurdo ou idiota que ele possa aparecer, o primeiro local que vem à mente é sempre o mesmo. Assim, quando vir essas perguntas em outras ocasiões, o primeiro local em que você vai pensar será o mesmo.

**2.** Compacte a pergunta em apenas uma palavra-chave. É importante que seja a primeira palavra-chave que vier a sua cabeça. Faça o mesmo com a resposta.

**3.** Usando todos os ingredientes do primeiro capítulo, crie uma imagem alocada no local determinado pelo julgamento, envolvendo a imagem escolhida para a pergunta e a imagem escolhida para a resposta.

**Exemplo 1:**

Pergunta: Em que ilha brasileira está localizada a maior criação de búfalos do território nacional?

Resposta: Marajó.

Após ler a pergunta, imediatamente um local me ocorreu: uma ilha paradisíaca, cheia de coqueiros e mulheres bonitas banhando-se. O trecho da pergunta *a maior criação de búfalos,* levou-me a escolher um búfalo gigante como imagem para a pergunta. A resposta *Marajó* me fez lembrar de um grande rei africano (marajá), cheio de peles de animais e joias.

Local: ilha paradisíaca.
Imagem para a pergunta: búfalo gigante.
Imagem para a resposta: um marajá cheio de jóias e peles de animais.

O maior trabalho já foi feito. Agora, basta que você imagine-se em uma ilha paradisíaca, cheia de coqueiros e mulheres bonitas, onde um búfalo gigante surge, promovendo o terror. Quando tudo parece perdido, surge um salvador: um poderoso marajá! Este se atraca com o búfalo, derrota-o e restabelece a paz.

**Exemplo 2:**

Pergunta: Que clube estreou no campeonato carioca de futebol em 1923 e o venceu?

Resposta: Vasco da Gama.

Após ler a pergunta, imediatamente um local óbvio veio à minha mente: um estádio de futebol. Escolhi o Mineirão por ser um estádio que conheço pessoalmente. A pergunta levou-me a uma imagem bem interessante: o 23 me lembrou de Nelson Mandela (23 = NM). A resposta: *Vasco da Gama* levou-me a imaginar a camisa do Vasco da Gama.

Local: Mineirão.
Imagem para a pergunta: Nelson Mandela.
Imagem para a resposta: camisa do Vasco da Gama.

Agora, imagine-se dentro do Mineirão, assistindo a um jogo de futebol (do Atlético Mineiro, de preferência), até o momento em que jogo é interrompido por um inusitado torcedor: Nelson Mandela. Equivocadamente, ele invade o campo com a camisa do Vasco da Gama. Com forte sotaque carioca, ele começa a cantar o hino de seu time preferido. A situação somente é resolvida quando os policiais o retiram de campo.

**Exemplo 3:**

Pergunta: Quantos litros de sangue há no corpo de um homem adulto?

Resposta: 7 litros.

Mais uma vez o local escolhido é imediato: um hospital. Escolho o hospital Mater-Dei, da cidade de Belo Horizonte, por ser um hospital que conheço bem. Uma palavra é capaz de resumir a pergunta: sangue. Ao analisarmos a resposta, vemos que mais uma vez temos um número envolvido em uma das imagens. Usando o sistema utilizado para memorizar números, 07 transmuta-se em Zé do Caixão, famoso artista do cinema nacional.

Local: Hospital Mater-Dei.

Imagem para a pergunta: balde cheio de sangue.

Imagem para a resposta: Zé do Caixão.

Você já tem o *set* de filmagem e os personagens. Então, permita que o filme desenvolva-se normalmente: no hospital Mater-Dei, você aguarda para ser atendido. Enquanto espera, surge Zé do Caixão transportando um balde de sangue. Ensandecido, ele começa a jogar sangue em todos os presentes na sala de espera, inclusive em você.

Em todos os exemplos anteriores, fiz questão de memorizar apenas ganchos que me levavam à resposta. Não memorizamos realmente as perguntas e respostas. Apenas vinculamos a resposta correta a cada pergunta.

# Revisões

Se você quiser memorizar as perguntas do jogo Master, a versão Master Júnior é um excelente início: ela contém "apenas" 2 mil questões sobre diversos temas, como desenhos animados, filmes e esportes. Você deve tentar memorizá-las a uma taxa de, no mínimo, duas por minuto. É claro que, no início, você gastará muito tempo para memorizá-las, mas é só uma questão de prática. Para que a informação seja armazenada na memória de longo prazo, é interessante que você as reveja periodicamente.

Descubra qual o seu nível de retenção. Você talvez precise revê-las após alguns minutos ou apenas após algumas horas. Para memorizá-las, costumo dar uma olhada em cada carta apenas uma vez. Depois de memorizadas, costumo revê-las mais uma vez, após três dias. Depois só preciso fazer mais uma revisão em três meses. As cartas já estarão em minha memória de longo prazo e dificilmente precisarei revê-las.

# Simon / Genius

Simon é um jogo eletrônico que foi lançado em 1978 e distribuído pela Milton Bradley (adquirida posteriormente pela Hasbro). No Brasil, o brinquedo foi lançado no início dos anos 1980 pela Estrela, sob o nome de Genius.

O jogo é constituído por quatro botões enormes, cada um com uma cor diferente: azul, verde, amarelo e vermelho. O aparelho acende esses botões em sequência, tocando um som diferente para cada um deles, cabendo ao jogador apertar os botões na mesma sequência. A sequência se inicia com apenas um toque e vai adicionando mais um toque (escolhido de forma aleatória) ao final da sequência, a cada vez que o jogador consegue repeti-la na ordem correta. O jogo termina quando o jogador comete algum erro ou finaliza a sequência de forma adequada. Apesar de antigo, ainda é um jogo bastante popular.

## O sistema

Depois que comecei a criar sistemas de memória, o jogo Genius tornou-se um alvo previsível. Infelizmente as luzes e cores não faziam ainda qualquer sentido.

Decidi utilizar o mesmo código feito para a memorização das chaves dos anos do calendário permanente.

0 = aZul  
1 = preTo  
2 = braNco  
3 = aMarelo  
4 = veRde  
5 = liLás

6 = laranJa

Como deve ter percebido, o vermelho não se encontra nessa lista. Pela semelhança de cores, decidi optar pelo laranja para substituí-lo. Dessa forma, temos:*

Azul = 0

Amarelo = 3

Verde = 4

Vermelho (laranja) = 6

Acabamos de converter uma sequência de cores em uma sequência de números. Dessa forma, a sequência:

AZUL – AZUL – VERDE – VERMELHO – VERDE – AMARELO – VERMELHO – AMARELO

torna-se a seguinte sequência numérica:

0 – 0 – 4 – 6 – 4 – 3 – 6 – 3

Agora, basta usar o meu sistema para memorizá-la. Agrupando os números dois a dois, temos:

00 – 46 – 43 – 63

| Número | Personagem | Ação |
|---|---|---|
| 00 | Steven Spielberg | Fechando claquete |
| 46 | Raul Julia | Dançando tango |
| 43 | He-man | Levantando espada e gritando: "pelos poderes..." |
| 63 | Sheila Mello | Dançando com um bambolê |

**Tabela 6.1**

Para memorizar a sequência, basta que você imagine, no primeiro ponto de referência da sua jornada, Steven Spielberg dançando tango. No segundo ponto de referência, imagine He-man dançando com um bambolê. Raul Júlia e Sheila Melo não precisaram aparecer na cena, visto que só precisávamos das ações deles (conforme vimos no **Capítulo 4. Memorizando números**).

* Cores dos botões luminosos do jogo.

O jogo também conta com os sons que aparecem com as cores, facilitando ainda mais a memorização. Preparado para desafiar seus amigos na próxima ceia de natal?

# MEMÓRIA E XADREZ

Uma memória poderosa pode ajudar jogadores de todas os níveis a melhorarem os seus jogos. Iniciantes podem aprender as aberturas e gambitos básicos. Profissionais podem criar uma enorme base de dados de jogos anteriores.

## O tabuleiro

Tradicionalmente, o tabuleiro consiste em um quadrado de oito por oito casas, totalizando 64. As casas são de cores branca ou preta, alternando entre as duas. A última casa, na linha de baixo, à direita de qualquer um dos jogadores, é de cor branca, quando o tabuleiro está posicionado corretamente. As oito linhas de casas do tabuleiro são numeradas de **1** a **8**, e as oito colunas são nomeadas de **a** a **h**.

## Notação

Cada uma das peças é indicada pela inicial maiúscula (para não confundir com as letras indicativas de colunas) de seu próprio nome, desse modo: **C**avalo, **B**ispo, **T**orre, **D**ama e **R**ei. Os peões não precisam ser indicados. Indica-se a jogada da seguinte maneira: primeiramente se escreve a letra que representa a peça jogada, depois a coordenada da casa na qual ela foi colocada, coluna e linha, nesta ordem. Assim, se um cavalo branco move-se de sua posição inicial g1 para h3, a jogada será descrita como Ch3. Se um peão se move da posição c2 para c4, a jogada é expressa simplesmente por c4, a casa destino.

# MÉTODO DELL'ISOLA

## Imagens para as peças

Da mesma forma que fizemos para os números e para as cartas, é preciso que as peças do xadrez sejam imagináveis. Sugiro que esqueça as iniciais do nome de cada peça e pense no personagem que cada uma sugere.

Lembre-se de ficar sempre com a primeira imagem que lhe vier à cabeça. A seguir, estão as minhas imagens:

Rei (R) = Príncipe Charles
Dama (D) = Princesa Diana
Cavalo (C) = Burro do Shrek
Torre (T) = Coisa (Quarteto Fantástico)
Bispo (B) = Papa

Essa escolha foi baseada em minha própria experiência. Provavelmente suas imagens serão diferentes das minhas. A escolha da figura do rei e da dama são bem óbvias. A escolha do burro do desenho Shrek foi um tanto quanto óbvia: seu sonho era se tornar um imponente cavalo. Escolhi o Coisa como símbolo da torre porque no antigo jogo Chess 3D (da época do PC 286 XT), a torre tinha uma animação semelhante a do personagem da Marvel. A escolha do Papa também foi um tanto quanto óbvia: assim como o bispo, ele também é um símbolo da Igreja Católica.

## Imagens para as coordenadas

Como você deve ter percebido, a notação utilizada no xadrez é perfeitamente ajustável ao meu sistema de números. As coordenadas das jogadas consistem na letra referente às colunas e no número referente às linhas. Uma simples conversão do número referente às linhas em uma segunda letra tornará possível a conversão de cada coordenada do tabuleiro em um personagem. Utilizando o alfabeto fonético, o quadrado f2 é convertido em FN (f = F; 2 = N), que pode ser convertido em Friedrich Nietzsche. As regras de conversão das linhas são as mesmas que utilizamos para os números: no caso de nomes que iniciam por vogal, consideramos a primeira consoante subsequente. Apesar de o sistema fonético não considerar as vogais, mantive as vogais das colunas, visto que já são naturalmente letras. Desse modo, o quadrado a2 se transforma em Albert Einstein (a = A; 2 = N). Não faz sentido converter a letra A (que denomina a primeira coluna) em uma consoante como T ou D.

# Tabuleiro dell'Isola

| | A | B | C |
|---|---|---|---|
| 1 | Alberto Dell'Isola | Bo Derek | Cameron Diaz |
| 2 | Albert Einstein | Bárbara N. Watkins | Chuck Norris |
| 3 | Alanis Morissette | Bill Murray | Cristina Mortágua |
| 4 | Axl Rose | Barney Ruble | Cláudia Raia |
| 5 | Avril Lavigne | Bin Laden | Cláudia Liz |
| 6 | Angelina Jolie | Brooke Shields | Cláudia Schiffer |
| 7 | Ana Carolina | Bill Clinton | Cindy Crawford |
| 8 | Amanda Vargas | Bridget Fonda | Carolina Ferraz |
| | **D** | **E** | **F** |
| 1 | Dado Dolabella | Elizabeth Taylor | Felipe Dylon |
| 2 | David Niven | Emmerson Nogueira | Friedrich Nietzsche |
| 3 | Darth Maul | Evo Morales | Fox Moulder |
| 4 | Dilma Rousseff | Elis Regina | Fernanda Rodrigues |
| 5 | Dalai Lama | Evangeline Lilly | Fernanda Lima |
| 6 | David Schwimmer | Elton John | Frédérick Chopin |
| 7 | David Copperfield | Eric Clapton | Fernando Collor |
| 8 | Darth Vader | Emmerson Fitipaldi | Fred Flintstone |
| | **G** | **H** | |
| 1 | Gabriela Duarte | Humphrey Davey | |
| 2 | Giovana Antonelli | Harry N. Abrams | |
| 3 | George Michael | Henrique Meireles | |
| 4 | George Harrison | Herman Hesse | |
| 5 | Gugu Liberato | Harry L. Fraser | |
| 6 | Gilberto Gil | Hugo Chávez | |
| 7 | Giulia Gam | Hillary Clinton | |
| 8 | Getúlio Vargas | Herbert Vianna | |

**Tabela 6.2**

Agora que definimos uma pessoa para cada posição do tabuleiro de xadrez, a memorização de jogadas ficará bem mais fácil.

## Memorizando uma abertura

Mais uma vez as jornadas serão a base de nosso sistema mnemônico. Cada jogada, representada por uma pessoa, será armazenada em um local da sua jornada. Se as brancas iniciarem movimentando um peão para c4, você imaginará a atriz Cláudia Raia (c = C; 4 = R; CR = Cláudia Raia) sapateando no primeiro ponto de referência de sua jornada. Suponhamos que você queira memorizar a seguinte abertura:

| Nº | Brancas | Pretas |
|---|---|---|
| 1 | d3 | Ca6 |
| 2 | b4 | e6 |

**Tabela 6.3**

Veja como as memorizaria:

d3: usando o meu sistema, d3 se torna Darth Maul (d = D; 3 = M; DM = Darth Maul). Imagino o guerreiro Sith usando seu sabre de luz como primeiro estágio da minha jornada.

cf6: de acordo com meu sistema, ca6 é convertido em dois personagens: o burro do desenho Shrek (C = burro) e Arnaldo Jabor (a = A; 6 = J; AJ = Arnaldo Jabor). Imagine Arnaldo Jabor cavalgando no dorso do burro, no segundo ponto de referência de sua jornada.

b4: fazendo a conversão devida, b4 torna-se Barney Ruble (b = B; 4 = R). Imagine Barney Ruble, melhor amigo de Fred Flintstone, duelando com um pterodátilo no terceiro ponto de referência de sua jornada.

e6: é traduzido em Elton John (e = E; 6 = J), que está tocando piano no quarto ponto de referência de sua jornada.

## Roque

A jogada de roque é notada como O-O. Escolha um personagem para representá-la. Particularmente escolhi Bill Gates, visto que O-O parece um par de óculos.

## Aprendendo aberturas

Existem várias bibliotecas de jogadas de xadrez gratuitas *on-line*. Um site que recomendo é o Internet Xadrez Clube: http://www.xadrezclube.com.br/estudo-de-aberturas/.*

* Acesso em 24 jul. 2018.

CAPÍTULO 7

# MEMORIZANDO DATAS HISTÓRICAS IMPORTANTES

## DATAS IMPORTANTES

Didaticamente não é mais cobrado, pela maior parte das escolas brasileiras, o conhecimento de datas históricas. Costuma-se priorizar o estudo sobre as causas e consequências dos diversos fatos históricos. Apesar disso, é muito gratificante saber algumas datas importantes. Para memorizá-las, faremos uso do alfabeto fonético da mesma forma que o fizemos para memorizar números de telefones.

## MEMORIZANDO LISTAS COM DATAS

Memorize as seguintes datas:

**1.** 1822 – Independência do Brasil.
**2.** 1889 – Proclamação da República.
**3.** 1888 – Abolição da Escravatura.
**4.** 1770 – Nascimento de Beethoven.
**5.** 1789 – Revolução Francesa.
**6.** 1905 – Teoria da Relatividade de Einstein.
**7.** 1608 – Invenção do Telescópio.
**8.** 1917 – Revolução Russa.
**9.** 1815 – Batalha de Waterloo.
**10.** 1902 – Nascimento de Carlos Drummond de Andrade.

Escolha uma jornada com dez pontos de referência. Desde o início do livro tenho enfatizado a importância de tornar inteligíveis informações anteriormente intangíveis ou abstratas. Dessa forma, criaremos uma imagem para substituir cada evento. Como sempre, as suas primeiras impressões são as mais importantes. A seguir estão algumas sugestões; utilize-as apenas em último caso:

| Evento | Imagem |
|---|---|
| Independência do Brasil | Dom Pedro I |
| Proclamação da República | Marechal Deodoro |
| Abolição da Escravatura | Chicote |
| Nascimento do Beethoven | Piano |
| Revolução Francesa | Napoleão |
| Teoria da Relatividade de Einstein | Relógio |
| Invenção do Telescópio | Cometa |
| Revolução Russa | Foice |
| Batalha de Waterloo | Copo d'água |
| Nascimento de Carlos Drummond de Andrade | Livros |

**Tabela 7.1**

Agora, use o seu sistema de números para converter as datas em imagens. Utilizarei o meu sistema de pessoas e ações nos exemplos a seguir.

## Teoria da Relatividade de Einstein

Estou no sexto ponto de referência de minha jornada. A palavra-chave que me remete a esse evento é um relógio (visto que o atraso dos relógios é um dos fenômenos abordados pela Teoria da Relatividade). É claro que poderia ser qualquer outra imagem de sua preferência, incluindo a figura do próprio Einstein. Usando meu sistema de memória, 1905 converte-se em Tio Patinhas (personagem referente ao número 19) usando roupas sadomasoquistas (ação referente a Suzana Alves, número 05). Desse modo, imagino no meu sexto ponto de referência alguma interação entre o relógio (ou a figura de Einstein) e o Tio Patinhas vestido com roupas sadomasoquistas (1905).

## Revolução Russa

Já no oitavo ponto de referência da minha jornada, imagino Tio Patinhas pilotando um jato (19 – 17), interagindo com uma foice (símbolo da Revolução Russa). Interessante é que Tio Patinhas usando roupas sadomasoquistas e Tio Patinhas pilotando um jato são cenas bem distintas. Desse modo, não há confusão entre as duas.

## Presidentes do Brasil

Tente memorizar a próxima tabela, que contém a lista de todos os trinta presidentes que já governaram o Brasil. Use os mesmos princípios vistos anteriormente. Escolha uma jornada com trinta pontos de referência. É interessante que o primeiro ponto de referência de sua jornada tenha alguma relação com o tema escolhido. Pode ser a Praça da Liberdade, alguma estátua ou até mesmo a prefeitura da sua cidade.

| Ano da posse | Presidente |
|---|---|
| 1889 | Marechal Deodoro da Fonseca |
| 1891 | Marechal Floriano Peixoto |
| 1894 | Prudente de Morais |
| 1898 | Campos Sales |
| 1902 | Francisco Alves |
| 1906 | Afonso Penna |
| 1909 | Nilo Peçanha |
| 1910 | Marechal Hermes da Fonseca |
| 1914 | Wenceslau Brás |
| 1918 | Delfim Moreira |
| 1919 | Epitácio Pessoa |
| 1922 | Arthur Bernardes |
| 1926 | Washington Luís |
| 1930 | Getúlio Vargas |
| 1946 | General Eurico Gaspar Dutra |
| 1951 | Getúlio Vargas |
| 1954 | Café Filho |
| 1956 | Juscelino Kubitschek |
| 1961 | Jânio Quadros |
| 1961 | João Goulart |
| 1964 | Marechal Castello Branco |
| 1967 | Marechal Costa e Silva |
| 1969 | General Médici |
| 1974 | General Ernesto Geisel |
| 1979 | General Figueiredo |
| 1985 | José Sarney |

| Ano da posse | Presidente |
|---|---|
| 1990 | Fernando Collor |
| 1992 | Itamar Franco |
| 1995 | Fernando Henrique Cardoso |
| 2003 | Luiz Inácio Lula da Silva |
| 2011 | Dilma Vana Rousseff |
| 2016 | Michel Miguel Elias Temer Lulia |

**Tabela 7.2**

## Locais aleatórios

Muitas vezes uma jornada não é a melhor forma para se lembrar de datas importantes. Memorizar uma lista muito longa de eventos utilizando uma jornada pode não dar muito certo, pois você gastaria um certo tempo percorrendo por todos os pontos de referência até encontrar o evento procurado. Nesses casos, a melhor técnica a ser utilizada são os locais aleatórios. Dê uma olhada nas 20 datas abaixo:

- 1492 – Descobrimento da América.
- 1500 – Descobrimento do Brasil.
- 1608 – Invenção do telescópio.
- 1640 – Início da Revolução Inglesa.
- 1750 – Início da Revolução Industrial.
- 1770 – Nascimento de Beethoven.
- 1789 – Início da Revolução Francesa.
- 1815 – Batalha de Waterloo.
- 1822 – Independência do Brasil.
- 1888 – Abolição da Escravatura.
- 1889 – Proclamação da República no Brasil.
- 1905 – Publicação da Teoria da Relatividade de Einstein.
- 1917 – Revolução Russa.
- 1945 – Fim da Segunda Guerra Mundial.
- 1947 – Independência da Índia.
- 1966 – Início da Revolução Cultural da China.

- 1968 – Morte de Martin Luther King.
- 1969 – Primeiro homem a pisar na lua.
- 1991 – Criação do Mercosul.
- 1996 – Nascimento da ovelha Dolly.

Se precisasse memorizar todas em ordem, você usaria uma jornada. Mas imagine que você memorize algumas delas durante um curso ou passeio turístico. Eu utilizaria a mesma técnica para memorizar perguntas e respostas do jogo Master.

**Exemplo:**

- 1492 – Descobrimento da América.

**1.** Deixe as palavras sugerirem uma imagem. Para o *Descobrimento da América*, você poderia imaginar um totem asteca coberto com um lençol, pronto para ser descoberto.

**2.** Converta o ano do evento em uma imagem, de acordo com o sistema numérico de sua preferência. De acordo com meu sistema, 1492 transmuta-se em Tony Ramos (14) voando em um trenó puxado por renas (ação correspondente ao número 92).

**3.** Escolha um local adequado para a formação da cena a ser visualizada. Qual o primeiro ambiente que vem à sua mente ao ouvir sobre o Descobrimento da América? É importante que você fique com a primeira ideia que surgir. Escolhi uma ilha deserta como *set* para a minha visualização.

**4.** Crie uma cena envolvendo todos os elementos dos três primeiros passos. Para lembrar o ano em que a América foi descoberta, eu imaginaria Tony Ramos voando em um trenó puxado por renas (1492) em uma ilha deserta (local escolhido).

CAPÍTULO 8

# APRENDENDO O CALENDÁRIO PERMANENTE

***"A memória está sempre presente, pronta e ansiosa para ajudar – se lhe pedíssemos mais frequentemente para fazê-lo."***

*Roger Broille*

## Os bolsos mágicos

A vida de homem-memória rende umas boas gargalhadas. Resolvi contar algumas das muitas histórias engraçadas que envolvem o dia a dia de um *mentatleta*.

Em maio de 2005, divulgava um curso de memória que daria no CEUB. Passava de sala em sala e dizia o que seria ministrado no curso. Além disso, levei impresso todo o calendário gregoriano e a *Isto é* do dia. Assim, a pessoa me dizia um ano qualquer, e eu falava as sextas-feiras 13, o dia da semana de qualquer data do calendário juliano ou gregoriano.

Em uma das salas, comecei a demonstrar a revista *Veja* inteiramente memorizada. Entregava a revista para qualquer pessoa da sala de aula (incluindo os professores) e pedia para eles me falarem alguma página.

Professor: Qualquer página?

Alberto: Sim, qualquer página.

Professor: Página 10

Alberto: Promoção que dará uma viagem para blá, blá, blá...

As pessoas ficaram encantadas e começaram a pedir outras páginas. Um aluno em especial ficou me olhando de uma maneira curiosa, como se estivesse descobrindo o truque. A cada página que eu falava, o cético se convencia mais e mais de estar descobrindo o truque. Até que ele grita:

Cético: DESCOBRI!!! DESCOBRI!!! É UMA FARSA!
Alberto: Como?
Cético: Tire as mãos dos bolsos! Tire as mãos dos bolsos!!!

Como o ar-condicionado estava ligado, eu estava com as mãos nos bolsos para aquecê-las.

Alberto: Não vou tirar as mãos do bolso! Está frio. (Nesse momento percebi que esse episódio iria render muitas risadas)

Cético: ARRRÁ!!! Sabia! É um truque. Ele não é capaz de tirar as mãos do bolso. Tire as mãos do bolso para eu perguntar a página!!!

Rindo muito internamente, fiquei sério e coloquei as duas mãos na cabeça, como se fosse um bandido.

Alberto: Está bom assim?

Cético: Agora vou mostrar que isso é uma farsa! Página 55!

Alberto: Poxa... infelizmente, não tem como eu falar a reportagem da página 55.

A turma gritou de forma equivalente a uma torcida quando o principal atacante erra um pênalti.

Cético: HAHAHAHA, EU SABIA! Vocês deviam ter percebido que era uma farsa!

Alberto: Farsa? Bem, na verdade não tem como eu falar a reportagem da página 55 porque é uma PROPAGANDA da nova Pajero Sport, em tons pastéis. Aliás, na página 55 está apenas a frente da Pajero.

Foi como se o pênalti tivesse batido na trave e depois entrado no ângulo. Soltei um leve sorriso (para não ridicularizar ainda mais o cético) e voltei a explicar sobre o que seria dado em meu curso.

# Transforme seu cérebro em um calendário ambulante

Existem dois objetos que nunca estão ao nosso alcance quando realmente precisamos: guarda-chuva e calendário. Incrível quantos compromissos importantes adiamos por não termos em nossas mãos um calendário. Aprender o calendário do ano atual, do ano passado e do próximo ano é uma tarefa bem simples. Duvida? Continue lendo e, ao final do capítulo, com pouco esforço, você será capaz de dizer o dia da semana de qualquer data deste ano.

Já vi muitos métodos que resolvem essa questão. Infelizmente muitos deles são mais difíceis do que buscar uma folhinha. Vou lhe apresentar um método bem simples, que consiste apenas em somas e subtrações por múltiplos de sete. Ensinarei também a calcular o dia da semana para qualquer ano que esteja no calendário juliano ou gregoriano.

Apesar de aparentemente não ter qualquer serventia prática, é um excelente número de apresentação para festas e reuniões de final de ano.

O método consiste apenas na seguinte fórmula:

---

Dia + Chave do mês + Chave do ano – Maior múltiplo de 7.

---

**Exemplo 1:**

Suponhamos que você deseja saber em que dia da semana caiu 9 de setembro de 1985. Olhando a tabela, constatamos que a chave para o ano de 1985 é 1 e que a do mês de setembro é 6.

9 (dia) + 6 (chave do mês) + 1 (chave de 1985) = 16

O maior múltiplo de 7 que podemos subtrair de 16 é 14.
16 – 14 = 2.

9 de setembro de 1985 foi uma segunda-feira.
Fácil, não?

O resultado da subtração corresponde ao dia da semana.

- Domingo = 1.
- Segunda-feira = 2.
- Terça-feira = 3.
- Quarta-feira = 4.
- Quinta-feira = 5.
- Sexta-feira = 6.
- Sábado = 0.

Bem, sei que você quer saber como iremos descobrir a chave para cada mês. Veja a seguir:

- Janeiro = 1.
- Fevereiro = 4.
- Março = 4.
- Abril = 0.
- Maio = 2.
- Junho = 5.
- Julho = 0.
- Agosto = 3.
- Setembro = 6.
- Outubro = 1.
- Novembro = 4.
- Dezembro = 6.

Memorizar essas chaves pode se tornar difícil e maçante. Para facilitar essa missão, criei algumas historinhas que podem lhe ajudar a se lembrar de cada uma delas. Caso queira, você pode criar suas próprias histórias.

**Janeiro**: é o primeiro mês do ano. Moleza lembrar que sua chave é 1.
**Fevereiro** e **março**: o carnaval sempre cai em fevereiro ou março. Geralmente o carnaval é comemorado durante 4 dias. Assim, a chave para esses meses é 4.

**Abril**: é o mês da mentira. Aluno que mente tira 0 na prova.
**Maio**: é o mês das noivas. Para fazermos um casamento convencional, precisamos de 2 pessoas.
**Junho**: junho tem 5 letras.
**Julho**: mês das férias escolares. Nas férias temos 0 aulas.
**Agosto**: agosto é o mês do desgosto. Agosto e desgosto têm 3 sílabas.
**Setembro**: a chave do mês "seistembro" é 6.
**Outubro**: preciso mesmo repetir qual a chave de outubro?
**Novembro**: novembro é o mês da República. República tem 4 sílabas.
**Dezembro**: comemoramos o aniversário de Cristo. Cristo tem 6 letras.

Claro que muitas dessas historinhas podem parecer meio forçadas, mas ajudarão a lembrar de cada chave do mês. Para calcular o dia da semana para qualquer data desse ano, basta que você consulte a tabela a seguir e veja a chave do ano corrente.

## Memorizando as chaves dos anos

Como disse anteriormente, não vejo muita praticidade em ser capaz de dizer o dia da semana para qualquer data do calendário. De qualquer forma, é um número bem simples e que faz bastante sucesso em minhas demonstrações. Na tabela abaixo, estão todas as chaves de 1900 a 1999.

| **Chaves dos anos** | **1900 a 1999** | | | | | | |
|---|---|---|---|---|---|---|---|
| | **0** | **1** | **2** | **3** | **4** | **5** | **6** |
| **Anos** | 0 | 1 | 2 | 3 | | 4 | 5 |
| | 6 | 7 | | 8 | 9 | 10 | 11 |
| | | 12 | 13 | 14 | 15 | | 16 |
| | 17 | 18 | 19 | | 20 | 21 | 22 |
| | 23 | | 24 | 25 | 26 | 27 | |
| | 28 | 29 | 30 | 31 | | 32 | 33 |
| | 34 | 35 | | 36 | 37 | 38 | 39 |
| | | 40 | 41 | 42 | 43 | | 44 |
| | 45 | 46 | 47 | | 48 | 49 | 50 |
| | 51 | | 52 | 53 | 54 | 55 | |
| | 56 | 57 | 58 | 59 | | 60 | 61 |
| | 62 | 63 | | 64 | 65 | 66 | 67 |
| | | 68 | 69 | 70 | 71 | | 72 |
| | 73 | 74 | 75 | | 76 | 77 | 78 |
| | 79 | | 80 | 81 | 82 | 83 | |
| | 84 | 85 | 86 | 87 | | 88 | 89 |
| | 90 | 91 | | 92 | 93 | 94 | 95 |
| | | 96 | 97 | 98 | 99 | | |

**Tabela 8.1**

Para calcular a chave de qualquer ano de 2000 a 2099, basta que você subtraia 1 do correspondente no século XX. Exemplo: se a chave para 1943 é 4, a de 2043 será 3. Existem inúmeras formas de memorizar as chaves de todos os anos, mas listarei as que julgo mais fáceis. Em todas elas, converteremos os últimos dois dígitos de cada ano em uma pessoa.

## Usando o sistema pela forma ou pela rima

Converteremos, então, as chaves dos anos usando o sistema pela forma ou pela rima e, feito isso, criaremos uma imagem inusitada envolvendo o personagem que representa o ano e a imagem que envolve a chave do ano. Suponhamos que você queira memorizar a chave de 1919, que é 2. Crie uma imagem envolvendo Tio Patinhas (19 = TP) e um cisne (sistema pela forma) ou bois (sistema pela rima). Lembre-se de não criar imagens soltas: coloque-as em locais bem conhecidos por você.

## Usando cores

Escolheremos cores para representar cada chave do ano, utilizando-se do sistema fonético. A letra que denota a chave do ano será a consoante que estiver no meio do nome da cor. É claro que o sistema é meio forçado, mas com pouco tempo ele pode ser aprendido:

- 0 = aZul.
- 1 = preTo.
- 2 = braNco.
- 3 = aMarelo.
- 4 = veRde.
- 5 = liLás.
- 6 = laranJa.

Para memorizarmos as chaves do ano, bastará que imaginemos a personalidade referente ao ano sendo pintada com um balde de tinta da cor correspondente à chave do ano. Por exemplo, a chave do ano 1951 é 0. Para memorizá-la, basta que você imagine Liv Tyler (51 = LT) sendo totalmente pintada, utilizando-se de um balde de tinta azul. Para memorizar a chave de 1959, que é 3, basta que você visualize Luana Piovani sendo tingida por um balde de tinta amarela.

# Anos bissextos

Se surge alguma data com ano bissexto, às vezes, você terá de fazer uma pequena alteração nos cálculos. Anos bissextos são divisíveis por 4 (1972, 1976, 1980, 1982...) mas que não são múltiplos de 100, com exceção daqueles que são múltiplos de 400 (1600, 2000, 2400...). Caso a data envolvida esteja nos meses de janeiro ou fevereiro de um ano bissexto, bastará que você subtraia uma unidade do resultado final. Se a data estiver em um ano bissexto, mas em um mês diferente de janeiro ou fevereiro, os cálculos permanecem inalterados.

**Exemplo 2:**
12 de fevereiro de 1980

12 (dia) + 4 (chave do mês) + 2 (chave de 1980) = 18

O maior múltiplo de 7 que podemos subtrair de 18 é 14.
18 - 14 = 4

Como se trata de uma data em ano bissexto no mês de fevereiro, o dia da semana será o dia anterior: 4 - 1 = 3.

12 de fevereiro de 1980 foi uma terça-feira.

**Exemplo 3:**
3 de janeiro de 1940

3 (dia) + 1 (chave do mês) + 1 (chave de 1940) = 5
Como o resultado é menor que sete, não precisamos tirar seu maior múltiplo possível.

Trata-se de uma data em ano bissexto no mês de janeiro, o dia da semana será o dia anterior: 5 - 1 = 4.

3 de janeiro de 1940 foi uma quarta-feira.

**Exemplo 4:**
24 de julho de 1972

24 (dia) + 0 (chave do mês) + 6 (chave de 1972) = 30

O maior múltiplo de sete que podemos subtrair do resultado é 28.
30 - 28 = 2

Apesar de estarmos trabalhando com uma data em ano bissexto, ela não se encontra nos meses de janeiro ou fevereiro. Assim, não precisamos fazer qualquer ajuste.

24 de julho de 1972 foi uma segunda-feira.

# AJUSTE DE SÉCULOS

## O calendário gregoriano

O calendário gregoriano passou a vigorar a partir de 15 de outubro de 1582 para o continente europeu e de 1753 para a Inglaterra. Uma vez bem conhecidas as chaves dos anos, não há nada que lhe impeça de calcular o dia da semana de datas que estão em outros séculos. Basta que você faça o ajuste adequado, somando ao resultado obtido a chave do século correspondente.

## Chaves dos séculos para o calendário gregoriano

- XVI: 0.
- XVII: 6.
- XVIII: 4.
- XIX: 2.
- XX: 0.

- XXI: 6.
- XXII: 4.
- XXIII: 2.
- XXIV: 0.

E assim por diante.

**Exemplo 5:**
12 de setembro de 1877

12 (dia) + 6 (chave do mês) + 5 (chave de 1877) + 2 (chave do século XIX) = 25

O maior múltiplo de 7 que podemos subtrair de 25 é 21.
25 - 21 = 4

12 de setembro de 1877 foi uma quarta-feira.

A sequência de séculos em que não é necessário qualquer ajuste é a dos múltiplos de 4, ou seja, a mesma sequência de anos bissextos dentro de um mesmo século (04, 08, ..., 92, 96), que não necessitam de ajuste (isto é, XX, XXIV, XXVIII etc.). Assim, sabemos de antemão que o cálculo para o século LXVIII, por exemplo, é idêntico ao feito para o século XX e que, para os séculos subsequentes, deveremos fazer o ajuste na ordem exposta acima até o LXXII, quando novamente cairemos no caso do século XX.

**Exemplo 6:**
24 de fevereiro de 2530

O ano de 2530 pertence ao século XXVI. Sabemos que a chave do século XXIV é 0, visto que 24 é múltiplo de 4. Fazendo um raciocínio análogo ao exposto anteriormente, identificamos que a chave do século XXV é 6 e que a chave do século XXVI (século em que se encontra a data em questão) é 4.

24 (dia) + 4 (chave do mês) + 2 (chave de 1930) + 4 (chave do século XXVI) = 34

O maior múltiplo de 7 que podemos subtrair de 34 é 28.
34 - 28 = 6

24 de fevereiro de 2530 será uma sexta-feira.

## Calendário juliano

Conhecendo-se o calendário do século XX, pode-se calcular qualquer data no calendário juliano, pois os cálculos são idênticos para os séculos V e XII. Este possui periodicidade de 700 anos por conta da regra para bissextos ser diferente da utilizada no calendário gregoriano, isto é, nestes é bissexto todo múltiplo de 4.

Assim, tanto 1600 quanto 1700 seriam bissextos.

## Chaves dos séculos para o calendário juliano

- V e XII: 0.
- VI e XIII: 6.
- VII e XIV: 5.
- VIII e XV: 4.
- IX e XVI: 3.
- X: 2.
- XI e IV: 1.

**Exemplo 7:**

12 de julho de 670

670 encontra-se no século VII. Olhando as chaves supracitadas, constatamos que a chave do século VII é 5.

12 (dia) + 0 (chave do mês) + 3 (chave de 1970) + 5 (chave do século VII) = 20

O maior múltiplo de 7 que podemos subtrair de 20 é 14.

20 - 14 = 6

12 de julho de 670 foi uma sexta-feira.

Uma observação pertinente é de que só há sentido em calcular os dias da semana a partir do Concílio de Nicéia, no século IV, apesar de as datas históricas até 1500 a.C. serem expressas no calendário juliano.

Outra: o início do ano só foi convencionado como 1º de janeiro no calendário romano de 153 a.C. Assim, na conversão para outros calendários pode haver dupla notação do ano quando não se conhece o mês em que ocorreu determinado evento. (Ver COSTA, 2007)

## *My free calendar*

Existe um site na internet em que é possível visualizar o calendário de qualquer ano, seja ele juliano ou gregoriano. Visite-o para certificar-se de que está calculando corretamente os dias da semana:

http://www.myfreecalendarmaker.com/.*

* Acesso em 24 jul. 2018.

CAPÍTULO 9

# LEITURA DINÂMICA

***"Qual Ioga, qual nada! A melhor ginástica respiratória que existe é a leitura, em voz alta, dos Lusíadas."***
*Mário Quintana*

## Por que ler mais rápido?

Atualmente, existem no mercado diversos cursos de leitura dinâmica, com métodos que variam entre livros, CDs, programas de computador e até mesmo verdadeiras máquinas para leitura. Alguns desses programas alegam ensiná-lo a ler com velocidades que variam entre 2 a 25 mil palavras por minuto. Porém, na atualidade só conhecemos uma pessoa capaz de ler a essas velocidades e com alta compreensão: Kim Peek.

Ao contrário do que você possa imaginar, Kim jamais frequentou qualquer um desses cursos de leitura dinâmica. Na verdade, ele nasceu em 1951, com uma cabeça bem maior do que o normal, em cuja parte posterior havia uma encefalocele (uma "bolha" do tamanho de uma bola de beisebol), que desapareceu. Havia também outras anormalidades, incluindo deformação do cerebelo – responsável por suas grandes dificuldades motoras. No entanto, o mais notável é a ausência do corpo caloso, a grande placa de tecido nervoso que normalmente interliga os hemisférios cerebrais. Os cientistas não sabem ao certo, mas essa combinação de anomalias tornou seu cérebro capaz de desenvolver uma habilidade de leitura e memorização realmente impressionantes.

Kim Peek é capaz de ler duas páginas ao mesmo tempo, cada uma com um olho. Ele é rapaz de evocar com precisão qualquer trecho dos mais de 7.600 livros que ele já leu desde os três anos. A maioria desses livros, ele apenas leu uma vez. Infelizmente, apesar de Kim ser continuamente estudado por cientistas do mundo inteiro, incluindo os da NASA, ninguém sabe ao certo como ele consegue executar essas proezas. Desse modo, assim como ninguém sabe como Kim consegue ler e memorizar tão facilmente, ninguém é capaz de ensinar essas habilidades a outras pessoas.

O design de nossos olhos e o sistema nervoso definem alguns limites físicos para a leitura dinâmica. Ao contrário do que você possa imaginar, nossos olhos não mexem suavemente sobre cada linha de palavras. Caso queira verificar essa propriedade deles, preste atenção aos olhos de alguém que está lendo algum material. Durante a leitura, estes fazem pequenos saltos ou "fixações". O número máximo de fixações físicas que o olho pode fazer é de 300 por minuto. Em leitores dinâmicos (eficientes), a distância entre cada fixação é de aproximadamente uma polegada. Isso significa que eles conseguem ver e registrar aproximadamente três palavras por fixação.

Essa é a principal razão pela qual especialistas (sérios) costumam estimar que a maior velocidade de leitura possível, com total compreensão e sem pular palavras, é de 900 palavras por minuto. Muitas vezes, para aumentar nossa familiaridade com o material a ser lido, fazemos uma pré-leitura chamada *skimming*. Durante o *skimming*, simplesmente corremos os olhos pelo texto em busca de termos ou tópicos importantes. No entanto, ainda que você tenha excelentes habilidades em fazer esse tipo de coisa, ela nunca será capaz de substituir a leitura propriamente dita.

Assim, sugiro que você trate com certo ceticismo qualquer curso de leitura dinâmica que anuncia velocidades de leitura acima de mil palavras por minuto com total compreensão. Algumas pessoas lhe dirão que é realmente possível ler em velocidades entre 2 mil e 25 mil palavras por minuto. Elas tentarão lhe convencer utilizando algumas frases feitas como: "Você desconhece o seu verdadeiro potencial!", "Para nosso cérebro, nada é impossível!" ou "Você está criando barreiras para seu desenvolvimento!". Essas pessoas, provavelmente, estão tentando lhe vender algum sistema que "não é qualquer cientista que realmente entende". Assim, farão alguma proposta entre R$ 2.000,00 e R$ 15.000,00 para que você aprenda como esses fantásticos sistemas.

Eles realmente funcionam: para seus vendedores e criadores, que recebem milhares de dólares anualmente por seus livros e cursos.

No entanto, é engraçado que esses mesmos empresários não invistam nem um dólar em pesquisas científicas que possam abalizar seus métodos. Se você fizer uma pesquisa minuciosa em portais científicos, como *Sciencedirect* (www.sciencedirect.com) ou *Scielo* (http://www.scielo.org),* verá que não existe qualquer menção a essas técnicas maravilhosas de leitura.

Finalmente, segue abaixo a tabela com os resultados de um campeonato de leitura dinâmica, realizado em 2003, na Inglaterra:

| Posição | Nome | Palavras lidas por minuto (PLM) | Taxa de compreensão | Palavras compreendidas por minuto (PCM) |
|---|---|---|---|---|
| 1 | Anne L. Jones | 2.284 | 56,30% | 1.285 |
| 2 | Andrew Havery | 1.108 | 56,30% | 623 |
| 3 | Henry Hopking | 1.330 | 45,80% | 610 |

**Tabela 9.1**

Se esses sistemas de leitura acima de 20 mil palavras por minuto funcionam, por que nunca vemos resultados mais altos que esses nos campeonatos de leitura dinâmica?

## MITOS SOBRE LEITURA DINÂMICA

- **Se eu ler mais rápido, minha compreensão vai diminuir.** Isso não é necessariamente verdade. Leitores muito lentos geralmente sobrecarregam a sua memória operacional, não sobrando espaço para o entendimento. Você pode aumentar sua velocidade de leitura, sem pular palavras, e ainda assim aumentar sua compreensão.
- **Preciso ler o livro inteiro?** Falso! Livros são uma maneira de capturar e transferir informações, conhecimento e ideias de um autor para o leitor. No entanto, muitas vezes nos interessamos apenas

* Acesso em 24 jul. 2018.

por alguns tópicos ou passagens abordados na obra. Além disso, a intenção do autor ao escrever o livro não é necessariamente a mesma que a sua para lê-lo. Tenha isso em mente e faça uma verdadeira caça ao tesouro, buscando apenas aquilo que realmente será compatível com seus objetivos. Se você não estiver encontrando alguma informação que valha seu precioso tempo, tenha coragem de saltar parágrafos, capítulos ou até mesmo livros inteiros.

- **Já tenho uma boa velocidade de leitura. Não vejo motivo para melhorá-la**. Essa afirmação também é equivocada. Pesquisas mostram que os ganhos alcançados com o treinamento do globo ocular são permanentes. Ainda que você seja um bom leitor, sua velocidade de leitura certamente pode melhorar.

## História da leitura dinâmica

Os primeiros cursos de leitura dinâmica surgiram no início do século XX, período em que houve uma verdadeira explosão editorial, em que surgiam a cada dia mais e mais livros sobre diversos assuntos. A leitura tradicional, carregada de vícios como vocalização e subvocalização, não era mais adequada para a quantidade de material a ser lido. A maioria desses cursos pioneiros de leitura dinâmica surgiu de uma fonte completamente inesperada: a força aérea norte-americana.

Naquela época, alguns técnicos táticos observaram que, durante o voo, um certo número de pilotos estava tendo dificuldades em distinguir os aviões aliados e inimigos durante o combate. Essa inabilidade trazia tanta desvantagem para os Estados Unidos, que psicólogos e pedagogos da Força Aérea Norte-Americana começaram a investigar possíveis soluções para esses problemas. Depois de muita pesquisa, esses estudiosos desenvolveram uma máquina chamada taquitoscópio. O taquitoscópio é um equipamento bem simples, capaz de projetar diversas imagens em uma tela, uma após a outra, com intervalos de tempo bem definidos.

Para estudar a capacidade de identificação das aeronaves, os cientistas projetaram na tela diversas fotos de aeronaves aliadas e inimigas. Inicialmente, as imagens eram projetadas com intervalos de tempo bem grandes. No entanto, gradativamente, eles iam diminuindo o tamanho das imagens e o tempo de exposição. Após um tempo de treinamento, os cientistas descobriram que qualquer indivíduo era capaz de identificar em no máximo 15 centésimos de segundo e com altíssima precisão até as mais minúsculas fotos de aeronaves inimigas e aliadas.

Essas descobertas sobre as possibilidades de percepção visual levaram os cientistas a criar estudos análogos, envolvendo a leitura. Usando o mesmo treinamento e equipamento, eles inicialmente projetaram na tela apenas uma palavra, que ficou exposta por cinco segundos. Após esses cinco segundos, a ela foi substituída por outra um pouco menor, que foi exposta por um tempo ainda menor. Gradativamente, os cientistas foram aumentando o número de palavras e diminuindo seu tamanho e tempo de exposição. Assim, descobriram que o ser humano era capaz de identificar até mesmo quatro palavras simultaneamente, em um tempo de exposição de apenas 15 centésimos de segundo.

Tal descoberta levou à criação de diversos cursos de leitura dinâmica. Como estes eram baseados no treinamento da Força Aérea, todos utilizavam o taquitoscópio em seu treinamento.

Esses cursos geralmente ofereciam ao aluno um gráfico onde eram anotados seus progressos. No eixo das ordenadas, encontrávamos uma escala de eficiência de leitura, graduada de 100 a 400 palavras por minuto. A maioria das pessoas, inicialmente com uma velocidade de 200 palavras por minuto, eram capazes de atingir 400 palavras por minuto com o treinamento adequado. Infelizmente, foi constatada uma grande insatisfação dos estudantes semanas após o treinamento. Muitos daqueles que se submeteram a esse treinamento, em um curto espaço de tempo, voltaram a ter suas antigas velocidades de leitura.

Anos mais tarde, pesquisadores descobriram que o leitor mediano é capaz de ler de 200 a 400 palavras por minuto, sem qualquer esforço ou treinamento especial. Desse modo, foi constatado que o aumento verificado após esse treinamento não tinha nenhuma relação com o uso do taquitoscópio. Na verdade, este foi decorrente da motivação que os alunos tinham por estar participando de um treinamento de leitura.

Apenas no final dos anos 1950 seria desenvolvido um método realmente prático de leitura dinâmica. Evelyn Wood, professora e pesquisadora, passou a investigar o motivo pelo qual algumas pessoas, naturalmente, liam bem mais rápido do que as outras. Desse modo, ela passou a buscar técnicas que possibilitassem ler mais rápido. No entanto, os relatos dos leitores dinâmicos naturais não eram muito úteis: grande parte deles não sabia como era capaz de ler tão rápido.

Um dia, enquanto limpava alguns livros, ela percebeu que o movimento de suas mãos sobre o livro chamou a atenção de seus olhos, permitindo que eles percorressem com mais suavidade por toda a página. Assim, ela passou a utilizar uma das mãos como um guia para a leitura dinâmica. Estava criado o Método Wood de leitura. Evelyn também foi a responsável pela criação do termo *speed reading*, utilizado nos países de língua inglesa para se referirem a leitura dinâmica.

Para conhecer mais sobre leitura dinâmica, recomendo que você adquira meu livro intitulado *Treinamento Prático em Leitura Dinâmica*, também publicado pela Digerati Books. Lá, abordo diversas técnicas que certamente aumentarão não apenas sua velocidade de leitura, mas também a compreensão.

## Como se lembrar de tudo aquilo que se lê

Muitos alunos me procuram em busca de algum método para memorizar tudo aquilo que se lê. Esses alunos alegam ter uma leitura tão ineficiente que, após alguns dias, esquecem-se de tudo aquilo que foi lido.

Esquecer alguns dias após a leitura é algo normal e não tem praticamente nada a ver com o processo de leitura. Veja, a seguir, como se lembrar de tudo aquilo que lê.

## A curva do esquecimento

A curva do esquecimento descreve o quanto de informações recém-adquiridas somos capazes de reter. Ela é baseada nas informações adquiridas após uma sessão de estudos com uma hora de duração.

No primeiro dia, pouco antes de iniciar sua sessão de estudos, o estudante sabe algo próximo de 0% do assunto abordado (justificando o motivo pelo qual a curva se inicia no ponto 0). Desse modo, ao final da leitura, saberá 100% do assunto ensinado (ao menos saberá o máximo que ele tem condições de aprender, dado o conhecimento prévio sobre o assunto). Assim, logo após a leitura, a curva chega em seu ponto máximo.

No segundo dia, se o estudante não tiver feito qualquer revisão do assunto (ler, pensar sobre ele, discutir sobre os tópicos aprendidos), ele provavelmente se esquecerá de 50% a 80% daquilo que foi aprendido. Isso porque os estudantes se esquecem mais nas primeiras 24 horas após a aquisição do que ao longo de 30 dias. No final dos trinta dias, restarão apenas 2% a 3% de toda informação adquirida no primeiro dia. Assim, ao final dos 30 dias, você terá a impressão de que nunca ouviu falar do assunto estudado, precisando estudar tudo desde o início.

No entanto, é possível que os estudantes mudem essa curva do esquecimento. Nossos cérebros constantemente gravam informações de maneira temporária: conversas no corredor da faculdade, a roupa que você estava usando no dia anterior, o nome de amigos apresentados em uma reunião, a música que acabou de tocar no rádio... Entretanto, se você não criar códigos de memória importantes, toda essa informação será descartada. A cada revisão, você faz novos códigos de memória, fixando cada vez mais a informação.

Uma fórmula interessante de revisão seria a seguinte: para cada hora de leitura, faça uma revisão de dez minutos. Observe que esta deve ser feita nas primeiras 24 horas após a aquisição – período em que ocorre maior parte do esquecimento. Essa revisão será o suficiente para "segurar" em sua memória toda a informação aprendida em sala de aula. Uma semana depois (sétimo dia), para cada hora de aula expositiva, você precisará de apenas cinco minutos para "reativar" o mesmo material, elevando a curva para 100% mais uma vez. Ao final de 30 dias, você precisará de apenas dois a quatro minutos para obter novamente os 100% da curva de aprendizagem.

CAPÍTULO 10

# CONSIDERAÇÕES FINAIS

***"A memória é manipuladora porque é colorida pelos eventos de hoje."***
*Albert Einstein*

De nada valem os ensinamentos deste livro se você não mudar seus hábitos. Às vezes, vejo alguns alunos de grande potencial desistirem em virtude de pequenas coisas. Apenas saber os métodos não basta. Existe muita diferença entre saber o que deve ser feito e realmente fazê-lo. Já vi muitos empresários deixarem de ganhar milhões por falta de iniciativa. O dia de começar? Hoje.

A melhor forma de treinar os exercícios propostos neste livro é torná-los parte do seu cotidiano. Evite anotar. Confie em sua memória. A memória é um cofre onde se deposita confiança. Quanto mais confiança em sua memória, melhor ela vai funcionar.

Para manter sua supermemória cada vez mais afiada, criei um site totalmente gratuito, http://www.supermemoria.com.br,* no qual você poderá não apenas tirar suas dúvidas sobre o livro (creio que não exista qualquer livro de aprimoramento de memória com suporte técnico), mas também fazer *download* de programas gratuitos de memorização e leitura dinâmica, ver meus vídeos (Fantástico, Caldeirão do Huck, Sem censura, Adriane Galisteu...) e deixar comentários ou sugestões.

Lembre-se também de usar bem o seu tempo. Benjamin Franklin costumava dizer: "Amas a vida? Então, não desperdices o tempo, pois essa é a matéria de que a vida é feita." Use bem o seu tempo ocioso. Se você está no ponto de ônibus, por que não repassar suas palavras-chave do alfabeto fonético? Se você está esperando o seu dentista, por

---

* Acesso em 24 jul. 2018.

que não olhar para algum objeto da sala de espera como um exercício de concentração? Cuide bem do seu tempo e estará prolongando a sua vida.

Para finalizar, faço uma pergunta: se o mundo acabasse amanhã, o que você faria hoje? Você mudar o seu estilo de vida perante o apocalipse é o primeiro sintoma de que sua vida é infeliz. O ser humano é adaptável. Não precisamos fazer apenas o que gostamos: gostar do que fazemos é primordial.

Seja feliz e bom trabalho intelectual!

# BIBLIOGRAFIA


ALVAREZ, Ana. *Deu Branco.* Rio de Janeiro: Record, 2005.

BARBOSA, Taine Thiers de Andrade. *A memorização ao alcance de todos. Dicionário mnemotécnico.* Editor autor. Porto Alegre, 1981.

BROTHERS, Joyce D. e Edward P. F. Eagan. *Como Desenvolver a Memória.* Rio de Janeiro: Record, 1996.

BUZAN, Tony.

______. *Head First.* Londres: Thorsons, 2002.

_____. *Head Strong.* Londres: Thorsons, 2002.

______.*How to mind map.* Londres: Thorsons, 2002.

______. *Make the Most of Your Mind.* Londres: Pan, 1988.

______. *Master Your Memory.* Newton Abbot: David & Charles, 1988.

______. *Memory Visions.* Newton Abbot: David & Charles, 1989.

______. *Use Your Memory.* Londres: BBC Books, 1989.

_____. *The Brain User's Guide.* Londres: E.P. Dutton, 1983.

CAMPAYO, Ramon. *Desarrolla una Mente Prodigiosa.* Madri: Editorial Edaf S/A, 2004.

CICERO. *Rhetorica ad Herennium.*

COSTA, Eduardo. *Giordano Bruno e a Arte da Memória.* Porto Alegre: Editor autor, 2007.

DELL'ISOLA, Alberto. *Supermemória para concursos.* São Paulo: Digerati Books, 2008

______. *Treinamento prático em leitura dinâmica.* São Paulo: Digerati Books, 2008.

E, Roy John. *Mecanismos de la memoria.* México: Trillas, 1977.

GOLFERA, Gianni. *La Memoria Emotiva.* Milão: Sperling & Kupfer Editori, 2003.

______. *Più memoria.* Milão: Roberti, 2007.

IZQUIERDO, Ivan. *Memória.* Porto Alegre: Artes Médicas, 2004.

______. *A Arte de esquecer.* Rio de Janeiro: Vieira e Lent, 2004.

KARSTEN, Gunther. *Lernen wie ein Weltmeister: Zahlen, Fakten, Vokabeln schneller und effektiver lernen.* Erfurt: Verlag Goldmann, 2007.

______ . *Lernen wie ein Weltmeister: Zahlen, Fakten, Vokabeln schneller und effektiver lernen*. Erfurt: Verlag Goldmann, 2003.

KATZ, Lawrence e Rubin, Manning. *Mantenha o seu cérebro vivo*. Rio de Janeiro: Sextante, 2000.

LORAYNE, Harry. *Como desenvolver o superpoder da memória*. São Paulo: Best Seller, 1970.

______ . *Memory Makes Money*. Nova York: Signet, 1989.

______ . *Secrets of Mind Power*. Hollywood: Lifetime Books Inc., 1995.

LUNA, Sierra de. *Mnemotecnia*. Madri: Selecciones Gráficas, 1967.

MCPHERSON, Fiona. *Remembering intentions: How to remember future actions & events*. Wilton: Capital Research Ltd., 2004.

______ . *Study skills: Effective notetaking*. Wilton: Capital Research Ltd., 2007.

______ . *The Memory Key*. Wilton: Capital Research Ltd., 2007.

O'BRIEN, Dominic. *How to develop a perfect memory*. Londres: Pavilion Books Limited, 1993.

______ . *Das Jahr im Kopf: Kalender und Mnemotechnik*. Hamburgo: Likanas Verlag, 2004.

VOIGHT, Ulrich. *Esels Welt - Mnemotechnik*. Hamburgo: Likanas Verlag, 2004.

WENGER, Win Phd, POE, Richard. *The Einstein Factor: A Proven New Method for Increasing Your Intelligence*. Nova York: Random House, 1996.

WYCOFF, Joyce. *Mindmapping*. Nova York: Berkley Books, 1991.

YATES, Frances A. *The Art of Memory*. Londres: Routledge & Kegan Paul, 1966.

| | |
|---|---|
| **TIPOGRAFIA** | EUPHEMIA E GARAMOND |
| **PAPEL DE MIOLO** | OFF SET 70g/m² |
| **PAPEL DE CAPA** | COUCHÉ 250g/m² |
| **IMPRESSÃO** | IMPRENSA DA FÉ |